MOMENTOS COM DEUS PARA HOMENS

100 DEVOCIONAIS SOBRE A AVENTURA DA VIDA

Publicações
Pão Diário

Originally published in English under the title
Moments with God for Men: 100 Devotions for Life and Adventure
©2022 by Our Daily Bread Ministries
Our Daily Bread Publishing, P.O. Box 3566, Grand Rapids, MI 49501, USA.
All rights reserved
Tradução e impressão em português com permissão
© 2024 Publicações Pão Diário, Brasil

Coordenação editorial: Adolfo A. Hickmann
Tradução e adaptação: Giovana Caetano, Rita Rosário
Revisão: Marília P. Lara
Capa: Patti Brinks
Projeto gráfico: Michael J. Williams
Diagramação: Audrey Novac Ribeiro

Dados internacionais de Catalogação na Publicação (CIP)

BRANON, David (Editor)
Momentos com Deus para homens — 100 devocionais sobre a aventura da vida
Tradução: Giovana Caetano, Rita Rosário — Curitiba/PR, Publicações Pão Diário
Título original: *Moments with God for Men: 100 Devotions for Life and Adventure*
1. Devocional 2. Vida cristã 3. Discipulado 4. Cristianismo 5. Homens

---

Proibida a reprodução total ou parcial, sem prévia autorização, por escrito, da editora. Todos os direitos reservados e protegidos pela Lei 9.610 de 19/02/1998.

Os devocionais compilados neste livro foram publicados, pela primeira vez, ao longo de vários anos, no devocional *Pão Diário*. A lista completa de autores encontra-se ao final desta obra (p.206). Permissão para reprodução: permissao@paodiario.org

Exceto se indicado o contrário, as citações bíblicas são extraídas da Bíblia Sagrada: Nova Versão Transformadora © Editora Mundo Cristão, 2016

Publicações Pão Diário
Caixa Postal 9740
82620-981 Curitiba/PR, Brasil
publicacoes@paodiario.org
www.publicacoespaodiario.com.br
Telefone: (41) 3257-4028

Código: UX033
ISBN: 978-65-5350-445-5

1.ª edição: 2024
Impresso na China

INTRODUÇÃO

A vida é uma aventura. Mesmo quando não queremos que ela seja.
Você inscreve seu filho de 10 anos no futebol e, antes que perceba, você mesmo se torna o treinador do time. E agora ensina 18 crianças com habilidades e interesses diversos a chutar a bola, correr pelo campo, não sentir medo de cair e entender as regras do jogo. E apenas pela prática.

Chega a hora de jogar e, de repente, você percebe que os goleiros gostam de colher dentes-de-leão, os jogadores não sabem onde devem ficar boa parte do tempo e ninguém nunca sabe quais tipos de falta existem.

E isso é apenas uma pequena parte da aventura.

E aí vem o seu trabalho, exigindo sempre mais e mais do seu tempo todos os dias. E depois, a sua casa, que nunca parece um episódio daqueles programas de TV de reforma de casas, não importa o quanto você se esforce. Há também o restante da sua família, a qual você ama, mas gostaria que fossem mais organizados pelo menos uma vez por semana.

E tem aquela linda mulher com quem você se casou, o amor da sua vida. Você faria qualquer coisa apenas para ter alguns minutos de tempo ininterrupto com ela. Bem, agende esse momento com ela para daqui a 15 anos a partir de agora.

Os rapazes solteiros nada perdem dessa aventura. Namorar neste contexto provavelmente atrai alguma negociação para estarem juntos. As expectativas da família, da igreja e de outras pessoas estão sempre presentes porque, afinal, você tem todo esse tempo livre para mudar os móveis, consertar os carros e talvez até o telhado da casa dos outros. As aventuras são tão frequentes quanto o número de amigos que você tem ("Ei, vamos conhecer uma nova trilha no fim de semana?") e, às vezes, você gostaria de desligar o telefone e assistir a um episódio antigo de algum programa de tv.

Portanto, o nosso objetivo não é tornar a sua aventura mais complicada, colocando a pesada responsabilidade de ler um livro de devocionais sobre os seus ombros. Apenas queremos convidá-lo a incluir a calma, amorosa e cuidadosa presença de Jesus Cristo em seu dia a dia, a fim de ajudá-lo a lidar com todas as suas responsabilidades e assegurar que a sua vida tenha o valor que traz sentido a tudo o que você faz.

Escolhemos cuidadosamente os artigos deste livro para orientá-lo em relação a algumas coisas essenciais que você pode fazer para achegar-se a Jesus no presente século.

Dois mil anos atrás, 12 homens tiveram a incrível oportunidade de viajar com Jesus pelas estradas poeirentas de Israel, vivenciando em primeira mão os feitos do homem da Galiléia que curou enfermos, ressuscitou os mortos e perdoou pecados.

Essa deve ter sido a maior aventura que alguém já experimentou! Imagine-se estar ao lado do Criador do Universo enquanto as multidões clamavam ao redor dele e sentavam-se ao Seu redor absolutamente atentas enquanto Ele falava.

Se você já confiou neste Homem, o Deus-homem, como seu Salvador, saiba que essa aventura ainda não acabou. Ainda hoje, você pode conhecer o Senhor de maneiras novas e emocionantes.

Os artigos deste livro foram elaborados para ajudá-lo a conhecer melhor a aventura de seguir o Mestre e viver para Ele hoje. Os textos o incentivarão a ler a Bíblia, buscar comunhão com outros cristãos para adorar e servir juntos, objetivando sempre novas oportunidades para servir a Deus, entre outras coisas.

Queremos que você desfrute de uma vida cheia de *Momentos com Deus:* momentos em que você pode pensar no Senhor e o amar e adorar.

Portanto, reserve um tempo entre as práticas esportivas, o passeio com seus filhos, a dura rotina da sua profissão, entre os momentos com seu cônjuge ou o jogo de futebol com seus amigos para dedicar seu tempo e atenção Àquele que cuidou de você o suficiente para conceder-lhe a eternidade ao Seu lado.

Você descobrirá que esses *Momentos com Deus* tornarão a vida muito mais valiosa e plena de significado do que ela jamais foi.

Dave Branon, editor de *Momentos com Deus para homens.*

1
Vejo você na próxima!
1 Crônicas 16:23-36

*Toda a terra cante ao S*ENHOR*!*
Proclamem todos os dias a sua salvação.
1 Crônicas 16:23

Era um domingo à tarde e a família se reunia em volta da mesa para o jantar de domingo quando o filho de 5 anos iniciou a oração antes da refeição: "Querido Pai celestial, obrigado por este belo dia. Obrigado por podermos ir à igreja e à escola dominical hoje". Então, para surpresa da família, terminou a oração dizendo: "E nós o veremos novamente na próxima semana".

O que o menino falou na oração é como frequentemente vemos a vida cristã. Nós facilmente caímos numa atitude de "até a próxima" em relação a Deus. Esquecemo-nos dele ao cumprirmos as nossas responsabilidades diárias, passamos dias seguidos tentando pagar as contas, deixar o patrão feliz e dar atenção a cada membro da família, mas negligenciamos oferecer a Deus o tempo que Ele merece.

Lemos em 1 Crônicas 16 alguns fatos sobre o poder e a majestade de Deus sobre os quais podemos pensar e falar "todos os dias" (v.23). Podemos "[anunciar] sua glória" (v.24) e reconhecer Sua mão criadora que "fez os céus" (v.26). Podemos falar de Sua honra e majestade, da força que Ele possui e da alegria que Ele nos concede (v.27).

Cada raiar de um novo dia traz motivos para orarmos a Deus, louvarmos o Seu nome e proclamarmos o Seu amor. Vamos fazer da nossa adoração a Ele algo que fazemos "todos os dias".

MOMENTO DE VIDA

Escolha um dia da semana: terça-feira, por exemplo. Compare a terça-feira com o domingo: você pensa, fala, canta ou lê sobre Deus mais no domingo do que na terça-feira? É possível agir diferente?

MOMENTO COM DEUS

Embora reservemos o domingo como o Dia do Senhor, Deus espera que o adoremos todos os dias. Pense em três formas novas de adorá-lo durante a semana.

> *Cada raiar do dia traz novos motivos para orarmos a Deus, louvarmos o Seu nome e proclamarmos o Seu amor.*

2

Anseio por Deus
Neemias 1:5-11

...mesmo que estejam exilados nos confins da terra, eu os reunirei e os trarei de volta ao lugar que escolhi... Neemias 1:9

Quando o casal Silva mudou-se a uns 8 quilômetros de distância de onde viviam, o seu gato Amores demonstrou todo o seu descontentamento fugindo da nova moradia. Certo dia, Sara o viu numa foto nas redes sociais próximo ao seu antigo lar.

Felizes, os Silva o buscaram e o gato voltou a fugir. Adivinhem para onde ele foi? Dessa vez, a família que comprou a casa dos Silva concordou em manter o gato também. Os Silva não conseguiram evitar que o gato sempre voltasse "ao lar".

Neemias serviu numa posição de prestígio na corte do rei em Susã, na Babilônia, mas seu coração estava noutro lugar. Ele tinha acabado de ouvir a triste notícia de que Jerusalém "a cidade onde [estavam] sepultados [seus] antepassados [estava] em ruínas" (Neemias 2:3), e portanto, ele orou: "Lembra-te do que disseste ao teu servo Moisés [...] se voltarem para mim e obedecerem a meus mandamentos [...] mesmo que estejam exilados nos confins da terra, eu os reunirei e trarei de volta ao lugar que escolhi para estabelecer meu nome" (1:8-9).

O lar é onde está o coração, dizem. No caso de Neemias, a saudade do seu lar significava algo mais do que um sentimento atrelado ao solo. O que ele mais desejava era a comunhão com Deus. Jerusalém foi o lugar que Deus escolheu para estabelecer o Seu nome.

MOMENTO DE VIDA

Você tem uma lembrança querida de uma casa na qual você morou no passado (talvez seja a casa na qual você tenha crescido na infância)?

MOMENTO COM DEUS

Que eventos em sua vida o fazem ansiar por Deus? É a igreja onde você ouve a explanação da Palavra de Deus sendo ensinada? É ouvir música cristã no rádio durante sua locomoção? Ou alguma outra coisa?

> *O que Neemias mais desejava era ter comunhão com Deus.*

3
Além do maravilhoso
Salmo 19:1-6

...e com as tuas mãos formaste os céus.
Salmo 102:25

Em 1977, os EUA lançaram um míssil no espaço. A bordo havia uma pequena sonda chamada *Voyager I*, uma nave enviada ao espaço para explorar outros planetas do nosso sistema solar. Depois que a missão *Voyager I* mandou fotos e dados do planeta Júpiter e de seus vizinhos, ela não parou mais de trabalhar. Seguiu adiante.

Hoje, mais de 45 anos passados, aquele pequeno veículo ainda está em ação, viajando à velocidade de mais de 61.000 quilômetros por hora. E está a cerca de 23,5 bilhões de quilômetros da Terra. Isso é fascinante! Cientistas brilhantes enviaram uma nave espacial que atravessou os limites do espaço interestelar. É assombroso! É maravilhoso!

Mas é absolutamente minúsculo quando comparado ao que Deus fez. Seria como ouvir alguém vangloriar-se perante o arquiteto do edifício *Empire State* (102 andares) por ter ido até o segundo andar de elevador.

Apenas começamos a explorar a imensidão da criação de Deus. Na verdade, cada pequeno passo feito pela humanidade deveria nos deixar ainda mais maravilhados com o poder e a criatividade de Deus. Pense nisto! Embora nós tenhamos ultrapassado o domínio de uma estrela com uma sonda espacial, o Criador das estrelas "chama cada uma pelo nome" (Isaías 40:26). Afinal, foi Ele que as criou.

Explorar o Universo é maravilhoso. Entretanto, conhecer profundamente a natureza e a essência do Senhor Deus que fez todas as coisas é mais do que maravilhoso!

MOMENTO DE VIDA

Qual é a sua parte favorita do programa espacial em curso? Seria o pouso na Lua de 1969 ou os desenvolvimentos mais recentes relacionados a Marte? Ou alguma outra coisa?

MOMENTO COM DEUS

O que aprendemos sobre a criação de Deus pelo fato de o homem poder descobrir onde os planetas estarão no sistema solar? E sobre podermos calcular de maneira exata como a gravidade e outras forças funcionarão agora e no futuro? Isso diz alguma coisa sobre um projeto inteligente do Universo?

> *Cada pequeno passo feito pela humanidade deveria nos deixar ainda mais maravilhados com o poder e a criatividade de Deus.*

4
O poder do evangelho
Romanos 1:1-7,14-17

Por isso, aguardo com expectativa para visitá-los, a fim de anunciar as boas-novas também a vocês, em Roma. Romanos 1:15

A Roma Antiga tinha sua própria versão do "evangelho": as boas-novas. De acordo com o poeta Virgílio, Zeus, o rei dos "deuses", decretou aos romanos um reino sem fim ou limites. Os "deuses" tinham escolhido Augusto como filho divino e salvador do mundo, inaugurando uma era dourada de paz e de prosperidade.

No entanto, nem todos recebiam isso como boas-novas. Para muitos, foi uma realidade imposta pela mão pesada dos carrascos do exército do imperador. A glória do império foi construída pelo esforço dos escravos que serviam, mesmo sem ter sua identidade legal ou propriedades, à vontade dos senhores que os subjugaram.

Nesse contexto, Paulo apresentou-se como servo de Cristo (Romanos 1:1). Jesus — como Paulo tinha odiado aquele nome no passado! O próprio Jesus tinha sofrido ao admitir que era o rei dos judeus e Salvador do mundo.

Estas eram as boas-novas que Paulo explicou-lhes no restante de sua carta a eles. Boas-novas "que são o poder de Deus em ação para salvar todos os que creem" (Romanos 1:16). Como isso era necessário para os que tinham sofrido sob o domínio de César! Aqui estava a notícia sobre o Salvador crucificado e ressurreto, o libertador que conquistou Seus inimigos demonstrando o quanto Ele os amava.

MOMENTO DE VIDA

Houve um momento em sua vida em que, por algum motivo, você não gostava do cristianismo? Se não, por que você acha que algumas pessoas, às vezes, sentem-se assim?

MOMENTO COM DEUS

Reserve um momento para agradecer pelo "poder de Deus que traz a salvação", e pela maravilhosa diferença que o evangelho tem feito em sua vida.

> *Boas-novas "são o poder de Deus em ação para salvar todos os que creem" (Romanos 1:16).*

5
Humano demais
Romanos 7:14-25

O problema está em mim, pois sou humano....
Romanos 7:14

O escritor britânico Evelyn Waugh usava as palavras de maneira a acentuar suas falhas de caráter. Por fim, o romancista converteu-se ao cristianismo, mas ainda continuava a questionar-se. Certo dia, uma mulher lhe perguntou: "Sr. Waugh, como o senhor pode comportar-se assim e ainda continuar dizendo-se cristão?" Ele respondeu: "Senhora, eu posso ser tão mau quanto dizem. Mas, creia-me, se não fosse por minha religião, eu sequer seria um ser humano".

Waugh travava a batalha interior descrita pelo apóstolo Paulo: "pois quero fazer o que é certo, mas não consigo" (Romanos 7:18). O apóstolo também diz: "O problema não está na lei, pois ela é espiritual e boa. O problema está em mim, pois sou humano" (v.14). Paulo ainda explicou: "Amo a lei de Deus de todo o coração. Contudo, há outra lei dentro de mim [...]. Quem me libertará deste corpo mortal dominado pelo pecado?" (vv.22-24). Em seguida, a resposta exultante: "Graças a Deus, a resposta está em Jesus Cristo, nosso Senhor" (v.25).

Quando passamos a crer em Jesus Cristo, admitimos nossas transgressões e nossa necessidade de um Salvador, tornamo-nos imediatamente uma nova criação. Porém, nossa formação espiritual continua sendo uma jornada por toda a vida. Como observou o discípulo João: "Amados, já somos filhos de Deus, mas ele ainda não nos mostrou o que seremos quando Cristo vier. Sabemos, porém, que seremos semelhantes a ele, pois o veremos como ele realmente é" (1 João 3:2).

MOMENTO DE VIDA

Alguém já lhe disse: "Como você pode fazer/dizer isso e se dizer cristão?" Foi uma experiência de aprendizado ou apenas o deixou chateado?

MOMENTO COM DEUS

Nossos esforços são fracos em tentar ser o tipo de cristão que deveríamos ser. O que mais o ajuda ao buscar ser a pessoa que você quer ser em Cristo?

> *Nossa formação espiritual continua ao longo da vida.*

6

Deus ouve tudo
1 Reis 18:25-27,30-38

...prova hoje que és Deus...
1 Reis 18:36

Um dos maiores atrasos postais na história durou 89 anos. Em 2008, a proprietária de um imóvel no Reino Unido recebeu um convite para uma festa enviado em 1919 para a ex-moradora de seu endereço. O convite tinha sido enviado pelo "correio real", mas a razão por trás desse longo atraso permanece um mistério.

Até mesmo os melhores esforços humanos de comunicação às vezes nos decepcionam, porém as Escrituras deixam claro que Deus nunca deixa de ouvir Seu povo fiel. Em 1 Reis 18, Elias demonstrou o notável contraste entre o deus pagão Baal e o Senhor Deus. Elias os provocou num confronto para demonstrar quem era o verdadeiro Deus, depois que os profetas de Baal tinham orado por horas: "Vocês precisam gritar mais alto [...] Sem dúvida ele é um deus! Talvez esteja meditando ou ocupado em outro lugar. Ou talvez esteja viajando, ou dormindo, e precise ser acordado!" (v.27)! Em seguida, Elias orou para que o Senhor respondesse, para que o Seu povo voltasse à fé, e o poder de Deus foi claramente demonstrado.

Embora as nossas orações nem sempre sejam respondidas imediatamente como aconteceu para Elias, podemos ter a certeza de que Deus as ouve (Salmo 34:17). A Bíblia ensina que Ele aprecia tanto as nossas orações que as guarda diante dele em "taças de ouro", como incenso precioso (Apocalipse 5:8). Deus responderá a cada oração de maneira perfeita e de acordo com a Sua sabedoria. Não há cartas perdidas no Céu.

MOMENTO DE VIDA

O que você sente ao enviar uma mensagem a alguém e essa pessoa não lhe responde imediatamente? Nós gostamos de respostas instantâneas.

MOMENTO COM DEUS

Sobre o que você tem orado recentemente e ainda não recebeu a resposta de Deus?

O que você sabe sobre as respostas de Deus às orações nas Escrituras e que pode ajudá-lo em sua espera? Talvez uma pesquisa sobre oração na Bíblia o ajude a aprender algo novo sobre isso.

> *Deus responderá a cada oração de maneira perfeita e de acordo com a Sua sabedoria.*

7
Rotineiramente fresco
Eclesiastes 1:1-9

*O que foi feito antes será feito outra vez.
Nada debaixo do sol é realmente novo.*
Eclesiastes 1:9

Todos nós somos obrigados a repetir tarefas ao seguirmos nossa rotina diária. Dia após dia, fazemos o mesmo: comemos, dormimos, trabalhamos e limpamos. Podemos perder nosso entusiasmo pela vida se "nada debaixo do sol é realmente novo" (Eclesiastes 1:9).

No entanto, há outra maneira de ver a vida. Pense no mundo como um palco no qual se desenrola o drama da eternidade. Nós somos os atores. O sol nasce e se põe como uma grande cortina dia após dia, e toda vez que "repetimos nossas falas" tomamos decisões. Ou reagimos às dicas que as nossas circunstâncias diárias nos dão apenas para cumprir a nossa parte, ou encaramos nosso papel na vida como uma maravilhosa oportunidade para conhecer e desfrutar da bondade e sabedoria do grande Diretor (5:18-20; 12:13-14).

Ao participarmos com alegria dessas atividades repetitivas, o nosso caráter se forma, nossa fé se fortalece, a esperança aumenta e desenvolvemos a perseverança. Utilizando-se do curso normal dos acontecimentos, Deus nos revela que há mais em nossa existência terrena do que a rotina dos deveres sem sentido algum.

Parte do plano de Deus para nós é que cedamos à Sua orientação nos acontecimentos comuns que ocorrem rotineiramente. De longe, a maneira mais segura de tornar a vida rotineiramente fresca é confiar repetidamente no Senhor durante este mês, esta semana, este dia e esta hora.

MOMENTO DE VIDA

Que partes da vida lhe parecem monótonas ou uma repetição sem sentido de assuntos sem importância?

MOMENTO COM DEUS

Pense nas rotinas do dia a dia. Em quantas dessas situações você reconheceu Deus e o Seu papel? Você precisa redirecionar o seu pensamento?

> *Há mais em nossa existência terrena do que a rotina dos deveres sem sentido algum.*

8
Seguindo em frente
2 Reis 22:1-2; 8-13

*Josias fez o que era certo aos olhos do SENHOR [...]
não se desviando nem para um lado
nem para o outro.* 2 Reis 22:2

Antigamente eram necessários o olhar e a mão firme de um fazendeiro para dirigir um trator ou colheitadeira por linhas retas. Mas até os melhores olhos se sobrepunham às fileiras e, no final do dia, até as mãos mais fortes se cansavam. Porém, hoje temos a direção automática e a tecnologia em GPS, permitindo a precisão de quase 3 cm ao plantar, cultivar e pulverizar. É incrivelmente eficiente e dispensa o uso das mãos. Imagine-se sentado numa gigantesca colheitadeira, comendo seu sanduíche sem nem apenas precisar segurar o volante. O volante automático é uma tecnologia incrível para manter o condutor na trilha à sua frente.

Talvez você se lembre do nome de Josias. Ele foi coroado rei quando tinha apenas 8 anos (2 Reis 22:1). Tempos depois, já com 20 e poucos anos, o sumo sacerdote Hilquias encontrou "o Livro da Lei" no Templo (v.8). Esse Livro foi lido ao então jovem rei, que rasgou suas vestes por tristeza devido à desobediência de seus antepassados a Deus. Josias dispôs-se a fazer o que era "certo aos olhos do SENHOR" (v.2). O Livro tornou-se uma ferramenta para orientar as pessoas, para que não se desviassem nem para a direita nem para a esquerda. As instruções de Deus estavam lá para esclarecer o que fosse necessário.

Permitir que as Escrituras nos guiem dia após dia mantém a nossa vida alinhada com o conhecimento de Deus e de Sua vontade. A Bíblia é uma ferramenta incrível que, se seguida, auxilia-nos a seguir em frente.

MOMENTO DE VIDA

Qual de suas passagens favoritas na Bíblia você usa ou pode usar como seu guia diário? Talvez você tenha mais de uma.

MOMENTO COM DEUS

"Querido Senhor, ajuda-me a familiarizar-me com a Tua Palavra, permitindo que ela guie todas as minhas decisões."

> *Permitir que as Escrituras nos guiem dia a dia mantém nossa vida alinhada com o conhecimento de Deus e Sua vontade.*

9
Um Deus terno e poderoso
Salmo 147:1-5

*Ele cura os de coração quebrantado
e enfaixa suas feridas. Conta as estrelas
e chama cada uma pelo nome.*
Salmo 147:3-4

Deus conhece e determina o número das estrelas, mas se preocupa com você e comigo, mesmo que estejamos destruídos pelo pecado. Ele restaura o nosso coração dilacerado com sensibilidade e bondade, e traz cura às profundezas da nossa alma. A grandiosidade do poder de Deus demonstra a grandeza do Seu coração. O Seu poder é a medida do Seu amor. Ele é um Deus terno e poderoso.

O salmista afirma que Deus "Conta as estrelas e chama cada uma pelo nome" (Salmo 147:4). Ele, que se importa com as estrelas que são simples matéria, não se importaria conosco que fomos feitos à Sua imagem? É claro que sim. Ele conhece as nossas lutas solitárias e preocupa-se conosco. É da Sua competência o preocupar-se com cada um de nós.

Deus, na forma de Seu Filho Jesus, esteve sujeito a todo o "sofrimento e tentação" (Hebreus 2:18). Ele nos compreende e não nos censura nem nos condena ao falharmos e fracassarmos. Ele inclina-se e ouve os nossos clamores por ajuda e gentilmente nos corrige. Com habilidade divina, Ele nos cura, com o passar do tempo.

As estrelas um dia cairão do céu. Elas não são a principal preocupação de Deus, você é! Ele é "é poderoso para guardá-los de cair e para levá-los, com grande alegria e sem defeito, à sua presença gloriosa" (Judas 1:24). E certamente o fará!

MOMENTO DE VIDA

O que está acontecendo em sua vida agora que precisa da mensagem: "Deus cuida de você"?

MOMENTO COM DEUS

Por mais fortes que tentemos ser, precisamos da ajuda de Deus. O que o encoraja ao pensar no fato de o Criador do Universo preocupar-se com você?

> *A grandiosidade do poder de Deus demonstra a grandeza do Seu coração.*

10

Sermão silencioso

Colossenses 3:12-17; Hebreus 10:24-25

Que a mensagem a respeito de Cristo [...] preencha a vida de vocês. Ensinem e aconselhem uns aos outros [...]. Cantem a Deus salmos, hinos e cânticos espirituais... Colossenses 3:16

Qual a importância de nossa comunhão com a igreja local? Responderemos a essa pergunta com uma ilustração.

Um pastor preocupava-se com a ausência de um homem que normalmente frequentava os cultos. Depois de algumas semanas, decidiu visitá-lo. Quando o pastor chegou à casa deste homem, encontrou-o sozinho, sentado frente à lareira. O pastor puxou uma cadeira e sentou-se ao lado dele. Após sua saudação inicial, ele não disse mais nada.

Os dois ficaram em silêncio por alguns minutos enquanto o pastor olhava para as brasas em chamas no interior da lareira. Em seguida, ele pegou a pinça ou tenaz e cuidadosamente retirou uma brasa das chamas e a colocou sobre a borda da lareira. Depois disso, recostou-se na cadeira, ainda em silêncio. O seu anfitrião refletindo silenciosamente observou enquanto a brasa tremeluzia e desaparecia. Em pouco tempo, estando ali, a chama se apagou, mas o pastor primeiro pinçou a brasa fria e, em seguida a colocou novamente no fogo. Imediatamente o carvão voltou a aquecer e a brilhar novamente com a luz e o calor das brasas que ardiam ao seu redor.

Quando o pastor se levantou para sair, seu anfitrião levantou-se e apertou-lhe a mão. Então, sorrindo, o homem lhe disse: "Obrigado pelo sermão, pastor. Vejo você na igreja no domingo".

MOMENTO DE VIDA

Qual a importância de ir à igreja? Há algo em sua igreja que o afasta dela?

MOMENTO COM DEUS

De que maneira o texto em Hebreus 10:25 se encaixa em seus planos para o fim de semana? Seu chamado para "nos reunir" para que possamos nos encorajar "mutuamente" repercute em você?

> *O carvão voltou a aquecer e a brilhar novamente com a luz e o calor das brasas que ardiam ao seu redor.*

11
A pior derrota
2 Reis 25:1-21

*Estas coisas aconteceram por causa da ira do S<small>ENHOR</small>
contra o povo de Jerusalém e de Judá.*
2 Reis 24:20

Houve algumas derrotas horríveis na história dos esportes, mas nenhuma foi mais convincente do que a derrota de 222 a 0 do *Cumberland* para a equipe da *Georgia Tech*, em 1916. Foi a pior derrota universitária de futebol americano que já ocorreu, e os jovens da equipe perdedora devem ter se sentido devastados. [N:T.: talvez comparável a derrota do Brasil de 7 a 0 para a Alemanha, na semifinal da Copa do Mundo de 2014.]

No ano 586 a.C., aconteceu um outro tipo de derrota ao povo de Jerusalém. E esta foi muito pior do que qualquer derrota desportiva. Devido ao julgamento de Deus pelo pecado de adorarem outros deuses, eles foram derrotados pelo exército da Babilônia (2 Reis 24:20).

Liderados por Nabucodonosor, as tropas da Babilônia cercaram a Cidade Santa e a deixaram em ruínas. Eles queimaram o majestoso templo, o palácio do rei e as casas do povo.

Esta talvez tenha sido a pior derrota na longa, e às vezes trágica, história do povo de Deus. A sua contínua desobediência a Ele teve consequências devastadoras. Por meio disso tudo, o Senhor os admoestou a se arrependerem e se voltarem para Ele.

Para mim, é sensato notar o quanto o Senhor anseia que o Seu povo viva de maneira que o glorifique. Muitas vezes, precisamos nos lembrar do nosso dever de viver como Deus quer porque isto significa muito para Ele.

A pior perda de Judá pode desafiar todos nós a vivermos em obediência a Deus.

MOMENTO DE VIDA

Qual foi sua pior derrota esportiva deste nível? Você fazia parte dela ou estava na torcida?

MOMENTO COM DEUS

Se Deus pode resgatar Seu povo das mãos da Babilônia e de um rei como Ciro (Esdras 1:1-4; pesquise sobre o "Cilindro de Ciro"), por que Ele não pode resgatá-lo de derrota semelhante? O que a confiança em Deus gera em você?

> *É sensato notar o quanto o Senhor anseia que o Seu povo viva de maneira que o glorifique.*

12

O cristão pensante

2 Coríntios 10:1-11

*Destruímos todas as posições arrogantes, [...].
Levamos cativo todo pensamento rebelde
e o ensinamos a obedecer a Cristo.*
2 Coríntios 10:5

David McCullough escreveu a biografia de John Adams, um dos fundadores e um dos primeiros presidentes dos Estados Unidos e com ela recebeu o Prêmio Pulitzer. O autor o descreveu "como um cristão devoto e pensador independente, e não viu qualquer conflito nisso". Tal declaração é surpreendente, pois denota perplexidade, sugerindo que os cristãos são de certo modo ingênuos ou incultos, e que a ideia de um "cristão que pensa" é uma contradição.

Nada poderia estar mais distante da verdade. Um dos maiores benefícios da salvação é o fato de permitir que a mente do cristão seja protegida pela paz de Deus (Filipenses 4:7), favorecendo o pensamento claro, o discernimento e a sabedoria. Paulo descreveu isto em sua segunda carta aos coríntios, ao escrever que em Cristo somos capacitados a "derrubar as fortalezas do raciocínio humano [...] Levamos cativo todo pensamento rebelde e o ensinamos a obedecer a Cristo" (2 Coríntios 10:4-5).

Ao vivermos neste mundo onde há tanta falta de discernimento, analisar um argumento com sabedoria, restringindo-se à pureza do conhecimento de Deus, e alinhar nosso pensamento com a mente de Cristo são habilidades de extremo valor. Essas habilidades nos capacitam a usar a nossa mente para representar Cristo. Todo cristão deve ser um pensador. Você é?

MOMENTO DE VIDA

O que alguns cristãos fizeram para outros pensarem que não podemos ser "cristãos pensantes"?

MOMENTO COM DEUS

Encoraja-o saber que Deus o equipou para defender a fé da maneira certa? Com quem você gostaria de conversar sobre sua fé hoje?

> *Um dos maiores benefícios da salvação é o fato de permitir que a mente do cristão seja protegida pela paz de Deus.*

13
Alimentemo-nos
Hebreus 5:12–6:2

A esta altura, já deveriam ensinar outras pessoas...
Hebreus 5:12

Os filhotes de águia estavam famintos e mamãe e papai águia pareciam ignorá-los. O mais velho dos três decidiu acabar com a sua fome roendo um galho. Aparentemente, não era muito saboroso, pois logo o deixou de lado.

Era muito intrigante neste pequeno drama, transmitido pela *webcam* de um jardim botânico, o fato de um grande peixe ter sido colocado pouco atrás dos filhotes. Mas os filhotes ainda não tinham aprendido a alimentar-se sozinhos. Eles ainda esperavam que seus pais partissem seu alimento em pequenos pedaços e os alimentassem. Dentro de algumas semanas, no entanto, os pais os ensinariam a alimentarem-se e esta seria uma de suas primeiras lições de sobrevivência. Se os filhotes não desenvolvem esta habilidade, eles jamais conseguirão sobreviver por conta própria.

O autor de Hebreus falou de um problema semelhante no reino espiritual. Algumas pessoas na igreja não estavam amadurecendo espiritualmente. Elas não tinham aprendido a distinguir entre o bem e o mal (Hebreus 5:14). Assim como aqueles filhotes, ainda não tinham aprendido a diferença entre um galho e um peixe. Eles ainda precisavam ser alimentados por alguém quando deveriam não apenas se alimentarem a si mesmos, mas aos outros também (v.12).

É maravilhoso recebermos o alimento espiritual de pregadores e mestres. Entretanto, o crescimento e a sobrevivência espiritual também dependem de aprendermos sobre como devemos nos alimentar.

MOMENTO DE VIDA

Você já assistiu a um vídeo de vida selvagem e observou como os pais cuidam bem de seus filhotes? É uma lição incrível sobre a criação grandiosa de Deus.

MOMENTO COM DEUS

Quem em sua vida você pode alimentar com as verdades da Palavra de Deus, a Bíblia, hoje? Você se alimenta da Sua Palavra regularmente?

> *O crescimento e a sobrevivência espiritual também dependem de aprendermos sobre como devemos nos alimentar.*

14
Eles nunca se encontram
Salmo 103:6-14

...tu me livraste da morte e perdoaste todos os meus pecados. Isaías 38:17

Você sabia que os pontos mais distantes *a leste* e *a oeste* dos Estados Unidos estão ambos no Alasca? Na verdade, isso apenas significa uma curiosidade geográfica. O Pochnoi Point fica o mais a oeste quanto é possível ir e ainda estar nos EUA. Mas se viajarmos alguns quilômetros ainda mais a oeste, chegaremos na Ilha Amatignak, no Alasca. Porém, esse ponto está do outro lado do meridiano 180, que separa os hemisférios oriental e ocidental, tecnicamente a leste do restante dos Estados Unidos.

Mas você nunca encontrará um ponto onde leste e oeste estejam realmente próximos um do outro. Ao ir para o oeste, você nunca "encontra" o leste. O leste continua para sempre. O oeste continua para sempre. Eles nunca se encontram.

Certo, mas qual a diferença que isso faz? Ao ler na Bíblia que nossos pecados perdoados estão separados de nós "tanto como o Oriente está longe do Ocidente" (Salmo 103:12), temos a certeza de que eles estão a uma distância imensurável, para sempre. Se isso não for suficiente, saiba que Deus diz: "Eu, somente eu, por minha própria causa, apagarei seus pecados e nunca mais voltarei a pensar neles" (Isaías 43:25).

Você está preocupado a respeito dos seus pecados? Por meio da morte de Jesus na cruz, Deus pode dizer: "Quais pecados?". Mas Ele fará isso somente se você colocar sua fé em Seu Filho.

MOMENTO DE VIDA

Outra analogia na Bíblia para revelar a distância que nossos pecados estão de nós "profundezas do mar" encontra-se em Miqueias 7:19. Você sabia que a parte mais profunda dos oceanos do mundo (a Fossa das Marianas) tem 1,5 km a mais do que a altura do Monte Everest?

MOMENTO COM DEUS

Faça uma pausa e considere as implicações da disposição de Deus e de Sua capacidade de perdoar pecados. Isso deve ter efeito profundo em nossa apreciação de Sua grandeza.

> *Ao ler na Bíblia que nossos pecados perdoados estão separados de nós "tanto como o Oriente está longe do Ocidente" (Salmo 103:12), temos a certeza de que eles estão a uma distância imensurável, para sempre.*

15
Corra em direção ao desafio
2 Reis 6:8-17

O S<small>ENHOR</small> abriu os olhos do servo, e ele viu as colinas ao redor de Eliseu cheias de cavalos e carruagens de fogo.
2 Reis 6:17

Tomé perseguiu os jovens que estavam roubando a bicicleta de seu amigo. Ele não tinha um plano, mas sabia que precisava recuperá-la. Para sua surpresa, os três ladrões olharam em sua direção, largaram a bicicleta e se afastaram. Tomé ficou simultaneamente aliviado e impressionado consigo mesmo quando pegou a bicicleta e se virou. Nesse momento, viu Jeferson, seu amigo musculosamente sarado que vinha logo atrás.

O servo de Eliseu entrou em pânico quando viu sua cidade cercada por um exército inimigo: "'Ai, meu senhor, o que faremos agora?', exclamou o servo. 'Não tenha medo' disse Eliseu. 'Pois do nosso lado há muitos mais do que do lado deles!'. Então Eliseu orou: 'Ó S<small>ENHOR</small>, abre os olhos dele, para que veja'. O S<small>ENHOR</small> abriu os olhos do servo, e ele viu as colinas ao redor de Eliseu cheias de cavalos e carruagens de fogo" (2 Reis 6:15-17).

Se você se esforça para seguir a Jesus, talvez encontre-se em algumas situações incertas a ponto de arriscar a sua reputação, e até mesmo a sua segurança, porque está determinado a fazer o que é certo. Talvez perca o sono imaginando como tudo acabará. Lembre-se, você não está sozinho.

Não precisa ser mais forte ou mais inteligente do que o desafio diante de você. Jesus está com você, e Seu poder é maior do que o de todos os rivais.

Faça a si mesmo a pergunta de Paulo: "Se Deus é por nós, quem será contra nós?" (Romanos 8:31). Quem, realmente? Ninguém. Corra em direção ao seu desafio, com Deus.

MOMENTO DE VIDA

Você já esteve numa situação em que sabia a coisa certa a fazer, mas ao fazê-la enfrentaria consequências negativas? Como decidiu o que fazer?

MOMENTO COM DEUS

Como o poder de Deus se manifesta em situações em que não podemos vê-lo ou quantificar Seu envolvimento?

> *Eliseu disse para seu servo que não tivesse medo. "Pois do nosso lado há muitos mais do que do lado deles!".*

16
A vida plena
João 10:7-15

O ladrão vem para roubar, matar e destruir. Eu vim para lhes dar vida, uma vida plena, que satisfaz. João 10:10

Em 1918, ao final da Primeira Guerra Mundial, o fotógrafo Eric Enstrom montou um portfólio do seu trabalho. Ele queria incluir uma foto que comunicasse a sensação de plenitude num tempo que parecia tão vazio para um grande número de pessoas. Em sua hoje tão amada foto, ele retratou um senhor idoso e barbudo sentado à mesa com a cabeça baixa e as mãos entrelaçadas em oração. Na superfície que está diante dele há apenas um livro, seus óculos, uma tigela de mingau, um pão e uma faca. Nada mais, mas também nada menos.

Alguns podem dizer que a fotografia revela escassez. Mas o enfoque de Enstrom era exatamente o oposto: aqui está uma vida plena, vivida com gratidão, uma vida que você e eu podemos experimentar também, independentemente de nossas circunstâncias. Jesus anuncia as boas-novas em João 10: "uma vida plena que satisfaz" (v.10). Prestamos um grave desserviço às boas-novas quando igualamos a vida plena que satisfaz com o adquirir de tantas outras coisas. A plenitude da qual Jesus fala não é medida em categorias mundanas como riquezas ou bens imóveis, mas sim no coração, mente, alma e força transbordando em gratidão pelo Bom Pastor que sacrificou "sua vida pelas ovelhas" (v.11) e cuida de nós e das nossas necessidades diárias. Esta é a vida plena: desfrutar do relacionamento com Deus e, isso é possível para cada um de nós.

MOMENTO DE VIDA

Você já viu a foto mencionada neste devocional? Vale a pena pesquisar no *Google* e observar o nome que o autor deu a essa foto: "*Graça*".

MOMENTO COM DEUS

Você já foi tentado a pensar que ter vida "plena" significava que Deus lhe daria riquezas materiais caso você o servisse? Como você percebeu a importância das riquezas da bondade de Deus?

> *A vida plena que satisfaz advém do relacionamento pessoal com Deus.*

17

Conselho sábio

1 Tessalonicenses 5:12-15

Encorajem os desanimados. Ajudem os fracos. Sejam pacientes com todos. 1 Tessalonicenses 5:14

No cruzamento movimentado, um homem parou no sinal vermelho ao lado da avenida como ele sempre fazia. Ele segurava uma placa de papelão: "Preciso de dinheiro para comida. Qualquer valor ajuda". Os motoristas desviavam o olhar, como se o homem não estivesse ali. Todos nós já passamos por este tipo de situação e ainda assim nos questionamos. Sou do tipo de pessoa que ignora os necessitados?

Na verdade, alguns deles fingem ter necessidades, mas, na verdade, são trapaceiros. Outros têm necessidades legítimas, mas enfrentam dificuldades para superar hábitos destrutivos. Os assistentes sociais nos dizem que é melhor darmos dinheiro aos ministérios de ajuda que atuam em nossa cidade. Engolimos em seco e passamos por mais um deles. Nós nos incomodamos, mas mesmo sentindo o desconforto, talvez tenhamos agido com sabedoria.

Deus nos ordena: "advirtam os indisciplinados. Encorajem os desanimados. Ajudem os fracos. Sejam pacientes com todos" (1 Tessalonicenses 5:14). Para fazer isso bem, devemos saber quem pertence a qual categoria. Se alertarmos uma pessoa fraca ou desalentada, poderemos desanimá-la; se ajudarmos o ocioso, poderemos incentivar a preguiça. Na verdade, ajudamos melhor quando conhecemos a pessoa o suficiente para saber o que ela precisa. Talvez precisemos parar de vez em quando, conversar e questionar algumas pessoas que estão nas esquinas de nossas comunidades.

Deus o chama para ajudar alguém? Ótimo! Agora o trabalho começa. Não presuma que você já sabe o que essa pessoa precisa. Peça-lhe que compartilhe a sua história e a ouça. Em espírito de oração, doe como você perceber que seja necessário e não apenas para se sentir melhor. Se realmente desejamos fazer o bem aos demais, sejamos encorajadores e mais pacientes mesmo se o outro estiver desanimado (vv.14-15).

MOMENTO DE VIDA

Qual necessidade humana mais toca o seu coração e provoca uma ação de sua parte?

MOMENTO COM DEUS

Observe que Jesus nos concedeu um grande exemplo, Ele conviveu e serviu as pessoas necessitadas em Sua vida terrena.

> *Ajudamos melhor quando conhecemos a pessoa o suficiente para saber o que ela precisa.*

18
A torre inclinada
Mateus 7:24-27

*Quem ouve minhas palavras e as pratica
é tão sábio como a pessoa que constrói
sua casa sobre uma rocha firme.*
Mateus 7:24

Talvez você já tenha ouvido falar da famosa e inclinada Torre de Pisa, na Itália, mas já ouviu falar da torre inclinada de São Francisco? É chamada de Torre do Milênio. Construída em 2008, esse arranha-céu de 58 andares ligeiramente torto impõe-se com orgulho no centro da cidade de São Francisco, EUA.

O problema? Sua fundação não é suficientemente profunda. Portanto, agora estão sendo forçados a reequipar os fundamentos com reparos que podem custar mais do que toda a torre quando foi originalmente construída. É uma correção que alguns acreditam ser necessária para impedir que ela desmorone durante um terremoto.

Qual a lição dolorosa que encontramos nisso? Os fundamentos importam. Quando os seus alicerces não são bem sólidos pode ocorrer uma catástrofe. Jesus ensinou algo semelhante ao fim de Seu Sermão do Monte. Em Mateus 7:24-27, Ele contrasta dois construtores: um que construiu numa rocha e outro na areia. Quando veio a inevitável tempestade, apenas a casa com a base sólida permaneceu firme.

O que isso significa para nós? Jesus afirma claramente que a nossa vida deve se fundamentar na obediência e confiança nele (v.24). Quando descansamos no Senhor, nossa vida pode se firmar nesta rocha sólida por meio do poder e da infinita graça de Deus.

Cristo não diz que jamais enfrentaremos tempestades. No entanto, ao afirmar que quando Ele é a nossa rocha, essas tempestades e enxurradas nunca derrubarão a nossa base fortificada pela fé em Cristo.

MOMENTO DE VIDA

Qual foi a pior *gambiarra* que você já fez? Foi difícil consertar o estrago?

MOMENTO COM DEUS

Subjacente às promessas de Deus para nós está o que Ele fez por nós ao enviar Jesus para nos resgatar. Isso prova o quanto Ele se importa e nos ajuda a confiar no momento de necessidade.

> *Jesus afirma claramente que a nossa vida deve se fundamentar na obediência e confiança nele.*

19

Juntos nessa

Romanos 12:9-16

Alegrem-se com os que se alegram e chorem com os que choram. Romanos 12:15

Durante um período de dois meses em 1994, cerca de 1 milhão de tutsis (grupo étnico africano) foram mortos em Ruanda por membros da tribo hutu empenhados em aniquilar seus compatriotas. Após esse horrendo genocídio, o bispo Geoffrey Rwubusisi encorajou sua esposa a falar com mulheres cujos entes queridos haviam sido mortos. Ela lhe respondeu: "Tudo o que eu quero é chorar", pois também tinha perdido familiares. A resposta do bispo foi a de um líder sábio e marido atencioso: "Maria, reúna-as e chorem juntas". Ele sabia que a dor de sua querida esposa a havia preparado para compartilhar de forma única a dor das outras.

Na igreja, a família de Deus, tudo pode ser compartilhado, tanto o bom como o não tão bom. As palavras do Novo Testamento "uns aos outros" são usadas para entender nossa interdependência. "Amem-se com amor fraternal e tenham prazer em honrar uns aos outros [...]. Vivam em harmonia uns com os outros..." (Romanos 12:10,16). A extensão do nosso vínculo está expressa no versículo 15: "Alegrem-se com os que se alegram e chorem com os que choram".

Embora a profundidade e o escopo de nossa dor possam perder a cor se comparados àqueles afetados pelo genocídio, ainda assim é pessoal e verdadeiro. E, por causa do que Deus fez por nós, assim como aconteceu com a esposa do bispo ruandês, sua dor pode ser acolhida e compartilhada para o bem dos outros.

MOMENTO DE VIDA

Qual é a sua reação ao ouvir falar de atrocidades brutais?

MOMENTO COM DEUS

Os homens não gostam de falar sobre isso, mas todos nós temos situações dolorosas que tocam o nosso coração. Pelo que você está passando agora? Como este artigo o ajuda a entender as dificuldades dos outros?

> *Na igreja, a família de Deus, tudo pode ser compartilhado, tanto o bom como o não tão bom.*

20
Tão somente confie
1 Reis 17:8-16

*Assim, Elias, a mulher e a família dela
tiveram alimento para muitos dias.*
1 Reis 17:15

Certa manhã, 300 crianças estavam prontas para a sua primeira refeição matinal, e uma oração de agradecimento ao Senhor foi oferecida pelo alimento.

Mas não havia comida!

Situações como essa eram comuns para o missionário e diretor do orfanato George Mueller (1805-98). Era mais uma oportunidade de ver como Deus os proveria. Minutos após a oração de Mueller, um padeiro que não dormira na noite anterior apareceu à porta. Pensando que o orfanato poderia precisar do pão, ele tinha preparado três quantidades extras e as trouxe para eles. Logo depois disso, a carroça do leiteiro quebrou na frente do orfanato. Não querendo que o leite estragasse, ele doou tudo ao diretor Mueller.

É normal experimentar crises de preocupação, ansiedade e autopiedade quando não temos recursos essenciais para o nosso bem-estar: comida, abrigo, saúde, finanças, amizades. O texto que lemos em 1 Reis 17:8-16 nos relembra de que a ajuda de Deus pode vir de fontes inesperadas, até mesmo de uma viúva necessitada, "não tenho um pedaço sequer de pão em casa. Tenho apenas um punhado de farinha que restou numa vasilha e um pouco de azeite no fundo do jarro" (v.12). Antes disso, era um corvo que trazia provisões para Elias (vv.4-6).

Nossas preocupações podem nos levar a buscar em várias direções. Ter a visão clara de Deus como o Provedor que promete suprir as nossas necessidades pode ser libertador. Antes de buscarmos soluções, busquemos primeiramente o Senhor. Fazer isso pode nos economizar tempo, energia e frustração.

MOMENTO DE VIDA

Você já enfrentou uma situação em que não tinha recursos óbvios e precisou depender da provisão de Deus? Como Ele proveu por suas necessidades?

MOMENTO COM DEUS

O que aconteceu com Elias e a mulher foi claramente um milagre. Você acha que a comida que chegou para Mueller foi um milagre? Por quê?

> *A ajuda de Deus pode vir de fontes inesperadas.*

21

Jesus, a etiqueta
Colossenses 3:12-17

*E tudo que fizerem ou disserem,
façam em nome do Senhor Jesus...*
Colossenses 3:17

"Filho, não tenho muito para lhe dar, mas o meu nome tem boa reputação, então não estrague tudo." Essas palavras sábias foram ditas por Johnnie Bettis quando seu filho Jerome saiu de casa para a faculdade. Jerome as citou em seu discurso de gratidão no Hall da Fama do Futebol Americano Profissional. Essas palavras tão sábias que Jerome levou consigo por toda sua vida o influenciaram tanto que ele encerrou seu discurso dizendo ao seu filho palavras semelhantes: "Filho, não há muito que eu possa lhe dar que seja mais importante do que a reputação atrelada ao nosso bom nome".

Uma boa reputação é essencial para os cristãos. As palavras de Paulo nos lembram a Pessoa que nós representamos (Colossenses 3:12-17). O caráter é como a roupa que vestimos, e essa passagem demonstra a "etiqueta Jesus" em nós: "Visto que Deus os escolheu para ser seu povo [...] revistam-se de compaixão, bondade, humildade, mansidão e paciência. Sejam compreensivos uns com os outros e perdoem quem os ofender [...] revistam-se do amor" (vv.12-14). Elas não são apenas nossas "vestimentas de domingo". Devemos nos revestir delas em todos os lugares, o tempo todo, à medida que Deus age em nós para que nós o reflitamos.

Quando a nossa vida é caracterizada por essas qualidades, demonstramos que somos portadores do Seu nome.

Em oração e com dedicação, vamos representar bem o nome de Jesus.

MOMENTO DE VIDA

Qual é o melhor conselho que você já recebeu de seu pai ou de outro homem relevante?

MOMENTO COM DEUS

O que as pessoas de fora da igreja pensam do nome de Jesus? Como você pode ajudar a mudar as percepções ruins que as pessoas têm sobre Ele?

> *É importante e essencial que os cristãos tenham uma boa reputação.*

22
Entregando-se a Jesus
Tiago 4:6-10

Da mesma forma, considerem-se mortos para o poder do pecado e vivos para Deus em Cristo Jesus.
Romanos 6:11

As pessoas chamam o local de "A pegada do diabo" para o formato de pé marcado no granito em uma colina ao lado de uma igreja em Ipswich, Massachussets, EUA. De acordo com a lenda local, a "pegada" aconteceu num dia de outono em 1740, quando o evangelista George Whitefield pregou tão poderosamente que o diabo saltou do campanário da igreja, pousando na rocha ao sair da cidade.

Embora seja apenas uma lenda, a história fantasiosa lembra uma verdade encorajadora da Palavra de Deus. O texto em Tiago 4:7 nos lembra: "Portanto, submetam-se a Deus. Resistam ao diabo, e ele fugirá de vocês".

Deus nos concedeu a força de que precisamos para enfrentar o nosso adversário e as tentações em nossa vida. A Bíblia nos diz que o "pecado não é mais seu senhor" (Romanos 6:14) por causa da graça amorosa de Deus para conosco por meio de Jesus Cristo. Quando a tentação vem e corremos para Jesus, Ele nos capacita a permanecer em Sua força. Nada que enfrentemos nesta vida é capaz de vencê-lo, porque Ele já "venceu o mundo" (João 16:33).

À medida que nos submetemos ao nosso Salvador, e ao mesmo tempo lhe entregamos a nossa vontade em obediência à Palavra de Deus, Ele nos auxilia. Quando nos entregamos a Ele em vez de cedermos à tentação, Deus é capaz de lutar as nossas batalhas conosco. Nele podemos vencer.

MOMENTO DE VIDA

Qual é a sua lenda favorita?

MOMENTO COM DEUS

O que significa a frase "Deus venceu o mundo" à luz de todos os problemas que vemos ao nosso redor? O que precisa da vitória de Jesus em sua vida?

> *Deus nos deu a força de que precisamos para enfrentar nosso adversário e as tentações em nossa vida.*

23
Fora da armadilha
1 Timóteo 6:6-10

Aprendi o segredo de viver em qualquer situação... Filipenses 4:12

A *vênus papa-moscas* é encontrada numa pequena área de terra úmida e arenosa perto de onde moro. É fascinante observar essas plantas porque elas são carnívoras.

As *vênus papa-moscas* liberam um néctar doce criando armadilhas coloridas que lembram as flores abertas. Quando um inseto pousa em seu interior, seus sensores na borda externa são acionados e a armadilha se fecha em menos de 1 segundo, capturando sua vítima. A armadilha aperta mais fortemente e solta enzimas que, com o tempo, consomem a sua presa, dando à planta os nutrientes não fornecidos pelo solo arenoso.

A Palavra de Deus fala sobre outra armadilha que pode capturar de repente. O apóstolo Paulo advertiu o jovem aprendiz Timóteo: "...aqueles que desejam enriquecer caem em tentações e armadilhas e em muitos desejos tolos e nocivos, que os levam à ruína e destruição [...] E alguns, por tanto desejarem dinheiro, desviaram-se da fé e afligiram a si mesmos com muitos sofrimentos" (1 Timóteo 6:9-10).

O dinheiro e os bens materiais podem prometer felicidade, mas quando eles ocupam o primeiro lugar em nossa vida, caminhamos em terreno perigoso. Evitamos essa armadilha tendo o coração agradecido e humilde, atentos à bondade de Deus conosco por meio de Jesus:

"...a devoção acompanhada de contentamento é, em si mesma, grande riqueza" (v.6).

As coisas temporais deste mundo jamais satisfarão como Deus satisfaz. O contentamento duradouro e verdadeiro encontra-se apenas em nosso relacionamento com Ele.

MOMENTO DE VIDA

Qual foi a informação mais útil que você já recebeu sobre o dinheiro? E qual foi a pior?

MOMENTO COM DEUS

De que maneira você reconhece a maneira que Deus quer que você gaste o dinheiro? Quando você pensa em comprar algo substancial, a oração faz parte de seu processo de decisão?

> *O dinheiro e coisas materiais podem prometer felicidade, mas quando ocupam o primeiro lugar em nossa vida, caminhamos em terreno perigoso.*

24
Um amigo em dificuldade
Atos 15:36–16:5

...Paulo se opôs, pois João Marcos tinha se separado deles[...] não prosseguindo com eles no trabalho.
Atos 15:38

Em 27 de novembro de 1939, três caçadores de tesouros acompanhados por equipes de filmagem escavaram o asfalto do lado de fora de um anfiteatro na Califórnia, Estados Unidos. Eles procuravam pelo tesouro *Cahuenga Pass* que consistia em ouro, diamantes e pérolas que, segundo a lenda, haviam sido enterrados no local 75 anos antes.

Eles nunca o encontraram. Após 24 dias de escavação, atingiram uma pedra e pararam. Tudo o que conseguiram foi fazer um buraco gigantesco. Eles foram embora desanimados.

Errar é humano, às vezes, todos nós falhamos. As Escrituras nos dizem que o jovem Marcos se afastou de Paulo e Barnabé em uma viagem missionária "não prosseguindo com eles no trabalho". Por causa disso, Paulo se opôs em levá-lo na viagem seguinte e isso gerou grave desentendimento com Barnabé (Atos 15:38). Todavia, apesar de suas falhas iniciais, Marcos reapareceu anos depois de maneira surpreendente. Quando Paulo estava sozinho e na prisão, no final de sua vida, ele pediu por Marcos dizendo que ele seria "útil no ministério" (2 Timóteo 4:11). Deus inspirou Marcos a escrever o evangelho que leva o seu nome.

A vida de Marcos demonstra que Deus não nos deixará sozinhos para enfrentarmos os nossos erros e falhas. Temos um Amigo maior do que todos os nossos erros. À medida que seguimos o nosso Salvador, Ele proverá a ajuda e a força de que necessitamos.

MOMENTO DE VIDA

Qual você acha que foi o seu pior fracasso na vida? Você se recuperou dele? Se sim, o que o ajudou? Se não, quem pode ajudá-lo a seguir em frente?

MOMENTO COM DEUS

Deus prometeu "Não o deixarei" (Hebreus 13:5). Esse princípio se irradia por toda a vida, não apenas no contexto de dinheiro. Como essa verdade o ajuda agora?

> *Deus não nos deixará sozinhos para enfrentarmos os nossos erros e falhas.*

25
Ouvindo além das estrelas
Isaías 55:1-7

> Busquem o Senhor enquanto
> podem achá-lo... Isaías 55:6

Imagine a vida sem telefones celulares, *Wi-Fi, GPS, Bluetooth* ou microondas. Numa pequena cidade norte-americana conhecida como "a mais tranquila da América" está o Observatório *Green Bank*, o maior radiotelescópio dirigível do mundo. O telescópio precisa de "silêncio" para "ouvir" as ondas de rádio emitidas naturalmente pelo movimento dos pulsares e galáxias no espaço profundo. Sua área de superfície é maior do que a de um campo de futebol e fica no centro da Zona Silenciosa da Rádio Nacional, uma área de 33,67 km² estabelecida para evitar interferências eletrônicas devido a extrema sensibilidade do telescópio.

O silêncio intencional permite que os cientistas ouçam "a música das esferas". Também pode nos relembrar de nossa necessidade de nos acalmarmos o suficiente para ouvir Aquele que criou o Universo. Deus comunicou-se com um povo rebelde e distraído por meio do profeta Isaías: "Venham a mim com os ouvidos bem abertos; escutem, e encontrarão vida. Farei com vocês uma aliança permanente..." (Isaías 55:3). Deus promete Seu amor fiel a todos que o buscarem e se voltarem a Ele para obter Seu perdão.

Ouvimos a Deus com intencionalidade quando nos afastamos de nossas distrações para encontrá-lo nas Escrituras e na oração. Deus não está distante, o Senhor deseja que arranjemos tempo para investirmos em Sua presença. Desse modo, Ele se torna prioridade em nossa vida diária, e, em seguida, na eternidade.

MOMENTO DE VIDA

O que você mais ouve quando separa um momento para si mesmo? Esportes? Música? *Podcasts*? Política?

MOMENTO COM DEUS

Como realmente ouvimos a Deus? O que significa "ouvir a Deus"? Como encontrar mais tempo para cultivar a disciplina de buscar o Senhor?

> *Ouvimos a Deus com intencionalidade quando nos afastamos de nossas distrações para encontrá-lo nas Escrituras e na oração.*

26
Viver na história de Deus
Romanos 13:8-14

*A noite está quase acabando,
e logo vem o dia.*
Romanos 13:12

Perguntaram ao autor Ernest Hemingway se ele escreveria uma história envolvente em sete palavras. A resposta dele: "Eu vendo sapatinhos de bebês nunca usados". A história de Hemingway é poderosa porque nos inspira a completar seus detalhes. Será que o bebê saudável já não precisava dos sapatinhos? Ou houve uma perda trágica, algo que precisasse do amor e do consolo de Deus?

As melhores histórias atiçam a nossa imaginação; por isso, não é surpresa que a maior história já contada acenda a chama da imaginação. A história de Deus tem uma trama central: Ele criou todas as coisas; nós (a raça humana) caímos em pecado; Jesus veio ao mundo, morreu e ressuscitou para nos salvar dos nossos pecados; e hoje esperamos a Sua volta e a restauração de todas as coisas.

Sabendo o que veio antes e o que está para vir, como devemos viver o dia de hoje? Se Jesus está resgatando toda a Sua criação das garras do mal, devemos deixar "de lado as obras das trevas como se fossem roupas sujas e [vestir] a armadura da luz" (Romanos 13:12). Isso inclui afastar-se do pecado pelo poder de Deus e escolher amar a Ele e também aos outros (vv.8-10).

As formas específicas pelas quais lutamos junto a Jesus contra o mal dependerão dos dons que temos e das necessidades que vemos. Usemos a imaginação e olhemos ao nosso redor. Procuremos os feridos e os que choram e levemos o amor, a justiça e o consolo de Deus conforme Ele nos guiar.

MOMENTO DE VIDA

Você consegue escrever a história de sua vida em sete palavras? Experimente!

MOMENTO COM DEUS

De que modo específico você pode lutar com Jesus contra o mal?

> *Sabendo o que veio antes e o que está por vir, como devemos viver agora?*

27

Do caos à nova mensagem
Marcos 5:1-20

*...conte-lhes tudo que o Senhor fez por você
e como ele foi misericordioso.*
Marcos 5:19

Darryl Strawberry era uma lenda do beisebol que quase destruiu sua vida com a adicção às drogas. Mas Jesus o libertou e ele está limpo há anos. Hoje ele ajuda outras pessoas que lutam contra o vício e as orienta na fé. Olhando para trás, ele afirma que Deus transformou sua vida antes caótica em uma nova mensagem.

Nada é difícil demais para Deus. Quando Jesus e Seus discípulos aproximaram-se de um cemitério após uma noite de tempestade no mar da Galiléia, um homem possuído pelas trevas imediatamente aproximou-se dele. Jesus falou com os demônios no interior do tal homem, e expulsando-os o libertou.

Quando Jesus saiu, o homem implorou para ir junto com Ele. Mas Jesus não permitiu, porque tinha um trabalho para esse homem completar: "Volte para sua casa e para sua família e conte-lhes tudo que o Senhor fez por você" (Marcos 5:19).

Nunca mais vimos o homem, mas as Escrituras nos mostram algo intrigante. As pessoas daquela região, com medo, imploraram a Jesus que "fosse embora" (v.17), mas quando Ele retornou a esse local, "outra grande multidão se reuniu" (8:1). Será que a multidão era o resultado de Jesus ter enviado o ex-possuído para lhes contar "o que o Senhor fez" (5:19)? Será que ele, que uma vez fora dominado pelas trevas, se tornou um dos primeiros missionários, comunicando efetivamente o poder salvífico de Jesus?

Neste lado do céu jamais saberemos, mas o que sabemos está claro. Quando Deus nos liberta para servi-lo, Ele pode transformar até mesmo um passado confuso e caótico em mensagem de esperança e amor.

MOMENTO DE VIDA

Você admira algum atleta cristão? Nesse mesmo atleta, o que você considera ser um desafio espiritual?

MOMENTO COM DEUS

Na verdade, todos nós fomos dominados pelas trevas até confiarmos em Jesus como Salvador. A quem você precisa falar sobre como Jesus pode transformar vidas?

> *Quando Deus nos liberta para servi-lo, Ele pode transformar até mesmo um passado confuso e caótico em mensagem de esperança e amor.*

28
Não sou mais o mesmo
Gálatas 2:14-21

Fui crucificado com Cristo; assim, já não sou eu quem vive, mas Cristo vive em mim. Portanto, vivo neste corpo terreno pela fé no Filho de Deus, que me amou e se entregou por mim. Gálatas 2:20

No verão de 1859, Charles Blondin tornou-se a primeira pessoa a cruzar as Cataratas do Niágara numa corda bamba, algo que se repetiria centenas de vezes. Certa vez, ele fez isso carregando o seu empresário, Harry Colcord, em suas costas. Blondin o instruiu: "Olhe para cima. Você não é mais Harry Colcord, você é Blondin. Se eu inclinar, incline também. Não tente se equilibrar. Se fizer isso, morreremos os dois."

Paulo, em essência, disse aos cristãos na Galácia: Você não pode viver de maneira que seja agradável a Deus a não ser pela fé em Cristo. Mas aqui está a boa notícia: você não precisa nem tentar! Nenhuma tentativa de merecer o favor de Deus será suficiente. Então, somos passivos em nossa salvação? Não! O convite é para que nos apeguemos a Cristo. Apegar-se a Jesus significa fazer morrer a velha maneira independente de viver. É como se morrêssemos para nós mesmos. No entanto, continuamos vivendo: "assim, já não [somos nós que vivemos], mas Cristo vive em [nós]. Portanto, [vivemos] neste corpo terreno pela fé no Filho de Deus, que [nos] amou e se entregou por [nós]" (Gálatas 2:20).

De que maneira e em qual local andamos na "corda bamba" hoje? Deus não nos chamou para sair "dessa corda" em direção a Ele, mas nos chamou para nos apegarmos a Ele e caminharmos dia a dia em Sua presença.

MOMENTO DE VIDA

Há momentos em que você sente que a sua salvação é um ato passivo, e que, uma vez salvo, não tem mais responsabilidades? Qual pode ser o resultado de tal atitude?

MOMENTO COM DEUS

De maneira prática: o que significa, apegar-se a Deus e andar com Ele?

> *Somos passivos em nossa salvação? Não! O convite é para que nos apeguemos a Cristo.*

29
Deserto de divergência
Apocalipse 2:1-7

*...você abandonou o amor que tinha no princípio.
Veja até onde você caiu!* Apocalipse 2:4-5

Muynak já foi um porto pesqueiro próspero no mar de Aral, porém hoje ele fica à beira de um deserto amargo e salgado. As dunas de areia estão repletas de cascos de barcos pesqueiros enferrujados, da frota pesqueira que outrora navegou bem acima da superfície dessa fonte de vida da Ásia Central.

As coisas começaram a mudar por volta de 1960, quando os planejadores do governo soviético começaram a desviar a água do Aral para irrigar o maior cinturão de algodão do mundo. Ninguém, no entanto, imaginou o desastre ambiental que isso acarretaria. A temperatura tornou-se mais extrema, a estação de cultivo foi encurtada em dois meses e 80% das terras agrícolas da região foram arruinadas por tempestades de sal que varreram o leito seco do mar.

O que aconteceu em Muynak faz paralelo com a história da igreja de Éfeso. Os cristãos de Éfeso, que outrora faziam parte de uma comunidade espiritual próspera, desviaram sua atenção de Cristo para as obras que faziam em Seu nome (Apocalipse 2:2-4). Eles tinham perdido de vista o que era mais importante em seu relacionamento com Cristo: o seu amor por Ele.

Senhor, ajuda-me a reconhecer e arrepender-me de tudo o que desvia minha atenção de te amar. Inunda o deserto da minha alma com a Tua água viva.

MOMENTO DE VIDA

De que maneira desviamos a nossa atenção do serviço que deveríamos prestar para Jesus?

MOMENTO COM DEUS

É hora de reconhecer esse desvio e falar com o Senhor sobre isso?

> *Jamais perca de vista que o seu amor por Jesus é o mais importante em seu relacionamento com Ele.*

30
Inquilino do túnel
Colossenses 1:1-14

*Ele nos resgatou do poder das trevas
e nos trouxe para o reino de seu Filho amado...*
Colossenses 1:13

Por dezesseis anos, John Kovacs foi um "inquilino do túnel". Junto com alguns outros, Kovacs viveu no subsolo de um túnel ferroviário abandonado na cidade de Nova Iorque, EUA. Quando uma empresa comprou o túnel e se preparou para reabri-lo, Kovacs foi forçado a procurar outro lugar na superfície para morar.

De acordo com um reconhecido jornal da mesma cidade, Kovacs se tornou a primeira pessoa escolhida para um novo programa destinado a "transformar os sem-teto em proprietários". Depois de passar um terço de sua vida residindo num túnel da estrada de ferro, ele deixou sua existência subterrânea para se tornar um agricultor orgânico no interior do mesmo estado. Dizem que ele falou: "O ar será melhor lá em cima. Não vou perder nada e não vou voltar atrás".

Se pudéssemos nos ver como nosso Senhor nos vê, perceberíamos que todo filho de Deus já teve experiência semelhante. Nós também fomos escolhidos para deixar uma existência escura e imunda pela dignidade de uma nova vida e outra maneira de agir. Se ao menos pudéssemos ver nossa vida anterior tão claramente quanto John Kovacs viu a dele, também saberíamos que não há nada que valha a pena nas trevas e que não há qualquer razão para voltarmos a elas.

Senhor, ajuda-me a lembrar-me de como eu estava necessitado quando me encontraste. Perdoa-me por, às vezes, querer voltar ao "túnel".

MOMENTO DE VIDA

Você já conversou com alguma pessoa sem-teto, e, nesse encontro, teve a oportunidade de reconhecer os sentimentos dessa pessoa?

MOMENTO COM DEUS

Onde você acha que estaria se nunca tivesse encontrado Deus por meio de Seu Filho Jesus? De que maneira a sua vida seria diferente?

> Não há nada que valha a pena nas trevas e não há qualquer razão para voltar a elas.

31
Saúde para o coração
Provérbios 4:20-27

Acima de todas as coisas, guarde o seu coração, pois ele dirige o rumo de sua vida. Provérbios 4:23

Se você tem mais de 40 anos, o seu coração já bateu mais de 1,5 bilhão de vezes. Todos nós sabemos que quando o nosso coração parar de bater, será tarde demais para mudar as nossas escolhas. Talvez tenhamos nos empenhado em controlar o nosso peso corporal, exercitado-nos fisicamente, observado não somente o que consumimos, mas o que nos consome.

Este último ponto tem relação com outro órgão vital chamado "coração" — o nosso coração espiritual. Este também bateu bilhões de vezes, com pensamentos, afetos e escolhas. É no coração que determinamos como vamos falar, comportar-nos e reagir às circunstâncias da vida (Provérbios 4:23). Confiaremos no Senhor e seremos bondosos, pacientes e amorosos? Ou daremos lugar ao orgulho, a avareza e a amargura?

A leitura bíblica de hoje enfatiza a importância de cuidarmos do nosso coração. Estamos nos mantendo espiritualmente em forma?

- Peso: Precisamos perder o peso de fardos e cuidados desnecessários?
- Pulso: Mantemos um ritmo firme de gratidão e louvor?
- Pressão arterial: Nossa confiança é maior do que a nossa ansiedade?

- Dieta: Desfrutamos dos nutrientes que geram vida, na Palavra de Deus?

Você fez um *check-up* do seu coração recentemente?

MOMENTO DE VIDA

O quanto você cuida do seu coração físico e como manter-se em boa saúde?

MOMENTO COM DEUS

E quanto ao seu coração espiritual? O que você poderia fazer para fortalecê-lo com a ajuda do Espírito Santo?

> *É no coração que determinamos como vamos falar, comportar-nos e reagir às circunstâncias da vida.*

32

A fuga de Icabode
1 Samuel 4:12-22

*"Foi-se embora a glória de Israel,
pois a arca de Deus foi tomada!"*
1 Samuel 4:22

Em "A lenda do cavaleiro sem cabeça" (Leya, 2011), Washington Irving descreve Icabode Crane, um professor que deseja se casar com a jovem Katrina. É crucial nessa história um cavaleiro sem cabeça que assombra o local. Numa noite, Icabode vê um fantasma a cavalo e foge aterrorizado. Para o leitor está claro que esse "fantasma" é, na verdade, um pretendente de Katrina, que eventualmente se casa com ela.

Icabode é um nome visto pela primeira vez na Bíblia e também tem uma história sombria de pano de fundo. Enquanto estava em guerra com os filisteus, Israel levou a arca da aliança para a batalha. Decisão errada. O exército de Israel foi derrotado, e a arca capturada. Hofni e Fineias, os filhos do sumo sacerdote Eli, foram mortos (1 Samuel 4:17) e Eli também (v.18). Quando a esposa de Fineias grávida ouviu a notícia, "...teve contrações violentas e deu à luz" (v.19). Com suas últimas palavras, chamou seu filho de Icabode (literalmente "sem glória"). "Foi-se embora a glória de Israel", suspirou (v.22).

Felizmente, Deus estava revelando uma história muito maior. Sua glória foi finalmente revelada em Jesus, que disse sobre Seus discípulos: "Eu dei a eles a glória que tu [o Pai] me deste" (João 17:22).

Ninguém sabe onde a arca está em nossos dias, mas não importa. Icabode se foi. Por meio de Jesus, Deus nos concedeu a Sua própria glória!

MOMENTO DE VIDA

Você está intrigado com o que aconteceu com a arca da aliança? Talvez seja interessante pesquisar e ler a respeito das teorias sobre onde ela pode estar.

MOMENTO COM DEUS

Nada poderia frustrar o plano que Deus tinha de trazer Jesus ao mundo. Ao longo do Antigo Testamento, vemos a glória vindoura. Você já pensou sobre como toda a trama dessa história se desenrola de Gênesis a Mateus?

> *A glória de Deus foi finalmente revelada em Jesus.*

33
De volta à batalha
2 Samuel 12:26-31

*Mas se confessamos nossos pecados, ele é fiel
e justo para perdoar nossos pecados e nos
purificar de toda injustiça...* 1 João 1:9

Quando criança, ela tinha proferido palavras maldosas aos seus pais, mal sabendo que aquela seria a sua última interação com eles. Hoje, após anos de aconselhamento, ela ainda não se perdoa e a culpa e o arrependimento a paralisam.

Todos nós temos arrependimentos e alguns deles são bem terríveis. Mas a Bíblia nos mostra um caminho em meio à culpa. Vejamos um dos exemplos.

Não se pode suavizar o que o rei Davi fez. Era a época em que "os reis costumavam ir à guerra", mas "Davi ficou em Jerusalém" (2 Samuel 11:1). Longe da batalha, ele roubou a esposa de outro homem e tentou encobrir isso com assassinato (vv.2-5,14-15). Deus impediu a ruína de Davi (12:1-13), entretanto, o rei viveria o restante de seus dias consciente de seus pecados.

Enquanto Davi se levantava das cinzas, seu general, Joabe, vencia a batalha que Davi deveria ter liderado (12:26). Joabe desafiou Davi: "Traga o restante do exército aqui e conquiste a cidade" (v.28). Finalmente, Davi voltou ao lugar que Deus lhe designara como líder de sua nação e do seu exército (v.29).

Quando permitimos que o nosso passado nos domine, na verdade estamos dizendo a Deus que a Sua graça é insuficiente. Independentemente do que tenhamos feito, nosso Pai nos estende o Seu completo perdão. E como Davi, nós também podemos encontrar graça suficiente para voltar à batalha.

MOMENTO DE VIDA

Raramente os nossos arrependimentos são tão grandes quanto os de Davi. No entanto, nós os temos. O que o ajudou a passar por eles e a seguir em frente?

MOMENTO COM DEUS

É melhor tentar esconder de Deus os erros do seu passado ou ir em frente e ser limpo por Cristo? Nós sabemos a resposta. Como isso acontece?

> *Independentemente do que tenhamos feito, nosso Pai nos estende o Seu completo perdão.*

34

Verdadeiro, profundo desejo

Marcos 10:46-52

> "O que você quer que eu lhe faça?",
> perguntou Jesus. Marcos 10:51

O rato com voz estridente, Ripchip, talvez seja o personagem mais destemido de *As crônicas de Nárnia* (Martins Fontes, 2010). Ele batalhou empunhando sua pequena espada e rejeitou o medo enquanto lutava no Peregrino da Alvorada rumo à Ilha Negra. Qual o segredo de Ripchip? Ele estava verdadeiramente desejoso de chegar ao país de Aslan ao dizer: "Esse é o desejo do meu coração". Ripchip sabia exatamente o que queria e isso o levou em direção ao seu rei.

Bartimeu, um cego de Jericó, sentou-se à beira do caminho, sacudindo sua "latinha" em busca de moedas quando ouviu Jesus e a multidão se aproximando. Ele gritou: "Jesus, Filho de Davi, tenha misericórdia de mim!" (v.47). A multidão tentou silenciá-lo, mas Bartimeu não permitiu que o impedissem.

Marcos relata que Jesus "o ouviu, parou" e, mesmo em meio à multidão, queria ouvir Bartimeu. "O que você quer que eu lhe faça?", perguntou-lhe Jesus (v.51).

A resposta parecia óbvia; certamente, Jesus sabia. Mas Ele parecia acreditar que havia poder em permitir que Bartimeu expressasse seu profundo desejo. "Rabi, quero enxergar", disse Bartimeu (vv.47-51). E Jesus enviou Bartimeu para casa vendo as cores, a beleza e os rostos dos amigos pela primeira vez.

Nem todos os desejos são atendidos imediatamente (e muitos desejos precisam ser transformados), mas o essencial nesta ocasião era como Bartimeu sabia o que desejava e levou seu desejo a Jesus. Se prestarmos atenção, perceberemos que os nossos verdadeiros desejos e anseios sempre nos direcionam a Ele.

MOMENTO DE VIDA

Quais são alguns dos verdadeiros desejos do seu coração?

MOMENTO COM DEUS

Por que Jesus questionou Bartimeu sobre algo que Ele já sabia a resposta? Quais perguntas Ele pode dirigir a você neste momento?

> *Nossos verdadeiros desejos e anseios sempre nos direcionam a Jesus.*

35
O tesouro especial de Deus
1 Pedro 2:4-10

Vocês, porém, são [...] propriedade exclusiva de Deus. 1 Pedro 2:9

Imagine uma vasta sala real em cujo trono encontra-se o rei, cercado por todos os tipos de atendentes, cada um dando o melhor de si. Agora imagine uma caixa que fica aos pés do rei. De tempos em tempos, o rei se abaixa e passa as mãos pelo conteúdo. E o que tem na caixa? Joias, ouro e pedras preciosas ao gosto do soberano. Essa caixa contém os tesouros dele, uma coleção que lhe traz muita alegria. Você consegue imaginar isso?

A palavra hebraica para esse tesouro é *segulah* e significa "tesouro especial". Essa palavra é encontrada no Antigo Testamento (Êxodo 19:5; Deuteronômio 7:6; Salmo 135:4) referindo-se à nação de Israel. Mas Pedro usa essa mesma palavra no Novo Testamento para descrever o "povo de Deus", como aqueles que "receberam misericórdia" (1 Pedro 2:10), uma coleção de tesouros que agora se estende para além da nação de Israel. Em outras palavras, Pedro está se referindo aos que creem em Jesus, tanto judeus quanto gentios e escreve: "Vocês, porém, são [...] propriedade exclusiva de Deus" (v.9).

Imagine isso! O grande e poderoso Rei do Céu o considera parte de Seus tesouros especiais. Ele o resgatou das garras do pecado e da morte. Ele declara que você lhe pertence. A voz do Rei diz: "Esse eu amo. Esse é meu".

MOMENTO DE VIDA

Como é bom quando uma pessoa importante em sua vida diz, com orgulho: "Esse é meu filho!", ou "Esse é o meu pai!", ou "Ele é meu marido", ou "Ele é meu melhor amigo!".

MOMENTO COM DEUS

De que maneira ler esta passagem todos os dias pode transformar a sua vida: "Vocês, porém, são […] propriedade exclusiva de Deus"?

> *O grande e poderoso Rei do céu o considera parte de Seus tesouros especiais.*

36

Deixando de fazer o correto

Tiago 4:13-17

Lembrem-se de que é pecado saber o que devem fazer e não fazê-lo. Tiago 4:17

Em seu livro *Eight Men Out* (Oito homens fora), Eliot Asinof lembra os eventos que rodearam o escândalo *Black Sox*, em 1919. Oito membros de um clube de beisebol em Chicago foram acusados de receber suborno de apostadores, em troca de perderem intencionalmente um campeonato mundial. Embora nunca tenham sido condenados numa corte judicial, os oito nunca mais puderam jogar beisebol pelo restante da vida.

Porém, um desses jogadores, Buck Weaver, afirmou que sempre jogou para ganhar, apesar de saber da conspiração. E a atuação dele em campo confirmava sua alegação, mas o comissário de beisebol ordenou que todo jogador que teve conhecimento do escândalo e optou por não fazer nada para impedi-lo, fosse excluído. O jogador não foi punido por fazer algo errado, mas porque deixou de fazer o que era certo.

Em sua carta à igreja do primeiro século, Tiago escreveu: "Lembrem-se de que é pecado saber o que devem fazer e não fazê-lo" (4:17). Neste mundo cheio de maldade e trevas, os seguidores de Cristo têm a oportunidade de deixar brilhar a sua luz. Muitas vezes isso significa que devemos resistir à pressão de não fazer nada.

Quando somos confrontados com a escolha entre fazer o bem e falhar não agindo, devemos sempre escolher fazer o que é correto.

MOMENTO DE VIDA

Na última semana, em que situação você deixou de agir corretamente quando sabia que devia?

MOMENTO COM DEUS

Por que nosso comportamento é tão importante para Deus?

> *Neste mundo cheio de maldade e trevas, os seguidores de Cristo têm a oportunidade de deixar brilhar a sua luz.*

37

Oração do abatido
Salmo 109:21-27

Ajuda-me, S<small>ENHOR</small>, meu Deus...
Salmo 109:26

"Querido Pai que estás no céu, sei que não sou um homem de oração, mas se estiveres aí em cima e puderes me ouvir, mostra-me o caminho. Estou no fim das minhas forças." Essa prece foi sussurrada por George Bailey, o personagem interpretado por Jimmy Stewart no filme *A felicidade não se compra* (1946). Na cena icônica, os olhos de Bailey enchem-se de lágrimas que não faziam parte do roteiro, mas, ao orar, Stewart disse que "sentia a solidão, e a desesperança das pessoas que não tinham para onde se voltar". Isso o emocionou.

A oração dele foi simplesmente "Ajuda-me". É exatamente isso que está no Salmo 109. Davi estava no fim de suas forças: "pobre e necessitado", seu "coração [...] ferido" (v.22) e seu corpo não passava de "pele e osso" (v.24). Ele estava desaparecendo "como a sombra ao entardecer" (v.23) e sentiu-se "motivo de zombaria" aos olhos de seus acusadores (v.25). Em seu profundo quebrantamento, ele não tinha mais onde se firmar. Davi clamou para que o Soberano Senhor lhe mostrasse o caminho: "Ajuda-me, S<small>ENHOR</small>, meu Deus" (v.26).

Há épocas em nossa vida em que a palavra "abatido" diz tudo. Em tais momentos, pode ser difícil saber como orar. Nosso Deus amoroso responderá a nossa simples súplica por ajuda.

MOMENTO DE VIDA

Qual é a sua fala favorita no filme *A felicidade não se compra*? Se você ainda não assistiu com a sua família, que tal assistir?

MOMENTO COM DEUS

Quando foi a última vez que você disse a Deus um simples "Ajuda-me!"? Você acha que pedir ajuda a Deus é algo que o honra ou que o importuna?

> *Nosso amoroso Deus responderá a nossa simples súplica por ajuda.*

38

Em que direção você vai?
2 Samuel 12:1-14

Então Natã disse a Davi: "Você é esse homem!"
2 Samuel 12:7

Na Tailândia, a equipe de futebol juvenil *Javalis Selvagens* decidiu explorar uma caverna. Uma hora depois, quando quiseram retornar, descobriram que a entrada da caverna estava inundada. A água os empurrou para o interior da caverna dia após dia até eles ficarem presos a mais de 4 quilômetros da entrada. Quando foram heroicamente resgatados duas semanas mais tarde, muitos questionaram como eles tinham se colocado em tamanho perigo. Resposta: um passo de cada vez.

Em Israel, Natã confrontou Davi por matar Urias, seu soldado leal. Como o homem segundo o coração de Deus se tornou culpado de assassinato (1 Samuel 13:14)? Um passo de cada vez. Davi não passou do zero ao assassinato numa única tarde. Ele se preparou para isso, com o passar do tempo, quando uma má decisão se infiltrou em outras. Começou com um segundo olhar que se transformou num olhar lascivo. Ele abusou de seu poder real mandando buscar Bate-Seba, depois tentou encobrir a gravidez dela chamando o marido dessa mulher de volta para casa. Quando o leal soldado se recusou a visitar sua esposa enquanto seus companheiros lutavam, Davi decidiu que Urias deveria morrer.

Podemos não ser culpados de assassinato ou presos numa caverna por nossa decisão, porém nos movemos ou em direção a Jesus ou aos problemas. Os grandes problemas não se desenvolvem da noite para o dia; surgem gradualmente, um passo de cada vez.

MOMENTO DE VIDA

Você se lembra do heroico resgate dos *Javalis Selvagens*? Foi notável que os meninos conseguiram sair vivos. Você pode ler a história deles na internet.

MOMENTO COM DEUS

Para nós a parte assustadora da história de Davi pode ser o fato de ele ser um homem designado por Deus e sob Sua bênção como rei, mas que lhe deu as costas ao ser tentado.

> *Davi não foi do zero ao assassinato em uma tarde.*

39

Permaneçam firmes

Marcos 15:33-41

Trabalhem sempre para o Senhor com entusiasmo... 1 Coríntios 15:58

Adriano e sua família são perseguidos por sua fé em Jesus no país em que vivem. Porém, demonstram o amor de Cristo em todas as circunstâncias. Em pé no pátio da igreja, que fora atingido por balas quando os terroristas o usaram como campo de treinamento, ele disse: "Hoje é Sexta-Feira Santa. Lembramos que Jesus sofreu por nós na cruz". "E o sofrimento" ele prosseguiu, "é algo que os cristãos daqui entendem bem". Mas a família dele decidiu permanecer em sua terra natal: "Permanecemos aqui, estamos firmes".

Esses cristãos seguem o exemplo das mulheres que permaneceram em pé assistindo a morte de Jesus na cruz (Marcos 15:40). Elas, incluindo Maria Madalena, Maria, mãe de Tiago e José, e Salomé, tiveram coragem de permanecer no local mesmo sabendo que os amigos e familiares de um inimigo do estado poderiam ser ridicularizados e punidos. No entanto, as mulheres demonstraram o amor a Jesus por sua própria presença com Ele. Quando o seguiram e o serviram na Galileia (v.41), elas permaneceram com Ele na hora da Sua necessidade mais profunda.

Quando relembramos do maior presente de nosso Salvador, Sua morte na cruz, reservemos um momento para pensar em como podemos honrar a Jesus ao enfrentarmos vários tipos de provações (Tiago 1:2-4).

Lembremos ainda dos irmãos que sofrem pela fé em todo o mundo. Como Adriano pediu: "Por favor, você pode permanecer conosco em suas orações?".

MOMENTO DE VIDA

Muitas vezes ficamos em pé como sinal de respeito, aplaudimos, levantamos durante a leitura das Escrituras. Talvez isso valorize a nossa atitude de respeito a Jesus quando permanecemos em Sua presença e oramos a Ele.

MOMENTO COM DEUS

Pense no que deve ter significado para Jesus ver Seus amigos leais permanecendo ao Seu lado quando Ele foi brutalmente crucificado.

> *Como podemos permanecer com Jesus e honrá-lo quando enfrentarmos provações de vários tipos?*

40

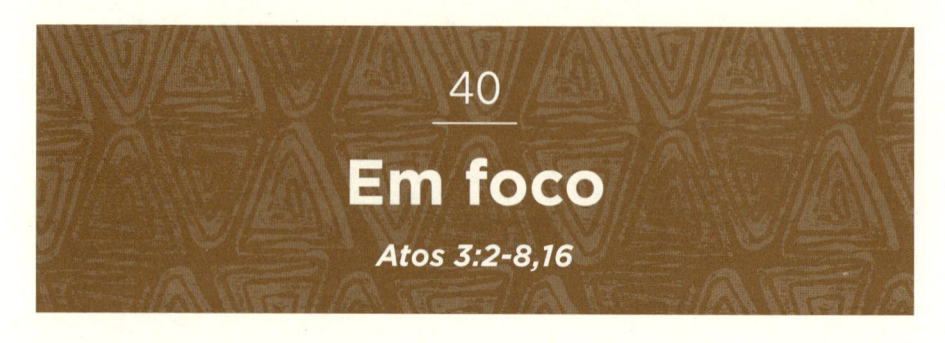

Em foco

Atos 3:2-8,16

Pela fé no nome de Jesus, este homem que vocês veem e conhecem foi curado. Atos 3:16

O autor Mark Twain sugeriu que tudo o que vemos na vida, e como vemos, pode influenciar os nossos próximos passos, até mesmo o nosso destino. Como Twain disse: "Você não pode depender de seus olhos quando a sua imaginação está fora de foco".

Pedro também falou em visão quando respondeu a um mendigo coxo, um homem aleijado que ele e João encontraram e que lhes pediu dinheiro. Pedro e João olharam diretamente para esse homem e, em seguida, Pedro disse: "Olhe para nós!" (v.4).

Por que ele disse isso? Como embaixador de Cristo, Pedro, provavelmente, queria que o mendigo parasse de olhar para suas próprias limitações, sim, e que até parasse de olhar para sua necessidade de dinheiro. Ao olhar para os apóstolos, ele provaria a veracidade de sua fé em Deus.

Como Pedro lhe disse: "Não tenho prata nem ouro, mas lhe dou o que tenho. Em nome de Jesus Cristo, o nazareno, levante-se e ande" (v.6). Então Pedro "o ajudou a levantar-se. No mesmo instante, os pés e os tornozelos do homem foram curados e fortalecidos" e ele louvou a Deus (v.7).

O que aconteceu? O homem teve fé em Deus (v.16). Como o evangelista Charles H. Spurgeon nos exortou: "Mantenha seus olhos fixos no Senhor". Quando o fazemos, não vemos obstáculos. Vemos Deus, Aquele que ilumina o nosso caminho.

MOMENTO DE VIDA

Qual a fraqueza com a qual você luta na vida? A solução para ela é física ou espiritual?

MOMENTO COM DEUS

Quais são as melhores maneiras de manter os seus olhos no Senhor durante as lutas da vida?

> *Como o evangelista Charles H. Spurgeon nos exortou: "Mantenha seus olhos fixos no Senhor".*

41
O caminho da vida
Juízes 7:1-8,22

O Senhor disse a Gideão: "Você tem guerreiros demais. Se eu deixar todos vocês lutarem contra os medianitas, Israel se vangloriará diante de mim". Juízes 7:2

No jogo qualificatório para a Copa do Mundo de 2018, a equipe de Trinidad e Tobago chocou o mundo quando eliminou a equipe dos Estados Unidos, na época ranqueada 56 posições acima deles.

A vitória do pequeno país foi bem inesperada, em parte porque a população e os recursos dos Estados Unidos eram maiores do que os da pequena nação caribenha. Mas essas vantagens aparentemente intransponíveis foram insuficientes para derrotar os apaixonados jogadores do *Soca Warriors*.

A história de Gideão e dos midianitas tem semelhanças, pois também ocorreu entre um pequeno grupo de combatentes e um grande exército. O exército israelita tinha mais de 30 mil guerreiros, mas o Senhor os reduziu a apenas 300 homens para que aprendessem que o sucesso deles dependia de Deus, não do seu exército, dinheiro, tesouro ou habilidade dos seus líderes (Juízes 7:1-8).

Pode ser tentador depositar a nossa confiança no que podemos ver ou medir, mas essa não é a maneira de praticarmos a fé. Embora muitas vezes seja difícil, quando estamos dispostos a depender de Deus, ser fortes nele e em Seu poder (Efésios 6:10), podemos enfrentar as situações com coragem e confiança, mesmo se nos sentirmos sobrecarregados ou desqualificados. A Sua presença e poder podem fazer coisas surpreendentes em nós e por meio de nós.

MOMENTO DE VIDA

Qual é a melhor partida de futebol que você já viu? O que a tornou tão especial?

MOMENTO COM DEUS

Alguém lhe pediu para fazer algo, mas você não se sente confiante? Talvez uma tarefa para sua igreja? Talvez uma oportunidade de treinar uma equipe? Talvez ajudar um amigo que está lutando com uma questão moral? Você crê que Deus pode capacitá-lo a agir?

> *Quando estamos dispostos a depender de Deus, podemos enfrentar as situações com coragem e confiança.*

42

Buscando soluções

Mateus 25:31-40

...quando fizeram isso ao menor destes meus irmãos, foi a mim que o fizeram. Mateus 25:40

As pessoas que encontram algo de valor geralmente desejam mantê-lo. Nesses casos, a noção de "achado não é roubado" parece algo bom. Mas e se o que encontramos for um problema? Nesse caso, ficamos ansiosos para largá-lo.

Enquanto trabalhava para o Departamento de Justiça dos Estados Unidos, Gary Haugen descobriu um problema enorme. *Alguém precisa fazer algo a respeito disso*, pensou ele. Haugen procurou por alguém que pudesse enfrentar a injustiça e o abuso de autoridade descobertos por ele. Mas então ele percebeu que Deus o dirigia e Haugen mesmo fundou a *International Justice Mission* (Missão de justiça internacional) para resgatar vítimas de violência, exploração sexual, escravidão e opressão.

Da mesma maneira que Moisés foi a resposta de Deus para a escravidão de Seu povo no Egito (Êxodo 3:9-10), Haugen e sua equipe também estão se tornando a resposta de Deus para os que são escravos hoje. Como diz Haugen, "Deus não tem um plano B. O plano dele é você. Você é a resposta".

Deus nos coloca em circunstâncias únicas em que as nossas habilidades correspondem ao problema que Ele deseja solucionar. Jesus disse que o que fazemos pelos necessitados, fazemos por Ele (Mateus 25:35-40).

Você encontrou algum problema? Como você pode ser a solução de Deus? Talvez o Senhor queira que você seja a resposta da oração de alguém.

MOMENTO DE VIDA

Você já encontrou uma solução para um problema que ajudou várias pessoas? O que o levou a agir?

MOMENTO COM DEUS

Deus o equipou com algo que você pode usar para ajudar os outros? Que habilidades especiais Ele lhe concedeu para que você ajudasse alguém?

> *Deus nos coloca em circunstâncias únicas em que as nossas habilidades correspondem ao problema que Ele deseja solucionar.*

43
Longe da obscuridão
2 Reis 22:3-11

Encontrei o Livro da Lei no templo do Senhor!
2 Reis 22:8

Em uma casa velha próxima a um campo de batalha da época da Guerra Civil Americana, os trabalhadores restauravam grafites cuidadosamente. Rabiscos semelhantes aos que limpamos da vista do público hoje são considerados pistas para entender o passado. Os trabalhadores se animavam ao ver uma nova letra ou palavra emergindo da obscuridão com informações ocultas por mais de 145 anos.

A história traz à mente uma cena de Israel do passado, quando o sacerdote Hilquias encontrou o Livro da Lei há muito tempo perdido no templo do Senhor. As palavras de Deus, confiadas à nação de Israel, tinham sido ignoradas, esquecidas e eventualmente perdidas. Mas o rei Josias estava determinado a seguir o Senhor, portanto, ele instruiu o sacerdote a restaurar a adoração no templo. Neste processo, eles redescobriram a Lei de Moisés.

Mas uma descoberta ainda maior estava para ser feita. Muitos anos depois, após conhecer Jesus, Filipe relatou a seu amigo Natanael: "Encontramos aquele sobre quem Moisés, na lei, e os profetas escreveram!" (João 1:45).

Hoje, as pessoas ficam animadas ao descobrir os rabiscos dos soldados da Guerra Civil. Mas ainda mais emocionante foi descobrir as palavras do Deus Todo-poderoso expressas na Palavra que se fez carne, Jesus, o Messias.

MOMENTO DE VIDA

Descobertas como as mencionadas acima o interessam? Que época da história você acha interessante estudar?

MOMENTO COM DEUS

Reflita sobre as descobertas emocionantes que você já encontrou no texto bíblico? Você as descobriu por conta própria, por meio de leituras ou dos sermões de seu pastor?

> *O rei Josias estava determinado a seguir o Senhor, portanto, instruiu o sacerdote a restaurar a adoração no templo. Neste processo, eles redescobriram a Lei de Moisés.*

44

Corra!

1 Coríntios 9:19-27

Vocês não sabem que, numa corrida, todos competem, mas apenas um ganha o prêmio? Portanto, corram para vencer. 1 Coríntios 9:24

No premiado filme *Carruagens de Fogo* (1981), um dos personagens é o lendário corredor britânico Harold Abrahams. Ele está obcecado pela vitória, mas numa das provas classificatórias dos 100 metros livres para as Olimpíadas de 1924, sofreu uma derrota retumbante para o rival Eric Liddell. A reação de Abrahams é de total desespero. Quando sua namorada Sybil, tenta motivá-lo, irado Harold afirma: "Eu corro para vencer. Se não posso vencer, não correrei!" Sybil lhe responde com sabedoria: "Se não correr, não poderá vencer."

A vida é cheia de reveses, e como cristãos, não estamos imunes às decepções que nos fazem querer desistir. Todavia, na maratona da vida cristã, Paulo nos desafia a continuar correndo. Ele disse aos coríntios: "Vocês não sabem que, numa corrida, todos competem, mas apenas um ganha o prêmio? Portanto, corram para vencer" (1 Coríntios 9:24). Paulo afirma que devemos correr com fidelidade, impulsionados por saber que corremos para honrar o nosso Rei e para receber dele uma coroa eterna.

Se falharmos em nossa corrida ou se deixarmos de servir a Deus e cairmos em pecado devido às dificuldades, arriscaremos perder uma recompensa maravilhosa que poderíamos ter recebido se tivéssemos feito o nosso melhor.

Sybil estava certa: "Se você não correr, não poderá vencer".

MOMENTO DE VIDA

Você gosta de correr? Já competiu em algum evento? Se você só gosta de assistir, qual é o seu evento de corrida favorito?

MOMENTO COM DEUS

O que significa correr fielmente para a glória de Deus? De que maneira você está correndo com fidelidade? Você pode melhorar em algum ponto específico?

> *Corremos para honrar nosso Rei e para receber dele uma coroa eterna.*

45

O que faremos na eternidade?

Apocalipse 22:1-5

...e seus servos o adorarão. Verão seu rosto, e seu nome estará escrito na testa de cada um. Apocalipse 22:3-4

Muitas pessoas normalmente se questionam: O que faremos no Céu? Vamos sentar nas nuvens e dedilhar harpas celestiais? Voaremos com asas diáfanas? Em sua visão registrada no livro de Apocalipse, o apóstolo João viu três atividades celestiais futuras.

A primeira é *servir* (Apocalipse 22:3). Talvez exploremos um canto desconhecido do Universo ou, como sugere C. S. Lewis, governemos uma estrela distante. Seja o que for que esse serviço possa acarretar, não haverá o sentimento de inadequação, fraqueza ou cansaço. No Céu, teremos mentes e corpos à altura da tarefa para a qual formos designados.

A segunda atividade é *ver*: "Verão seu rosto" (v.4). "Agora vemos de modo imperfeito, como um reflexo no espelho" (1 Coríntios 13:12), mas no céu veremos nosso Salvador face a face e "seremos semelhantes a Ele" (1 João 3:2). Isso é o que Apocalipse 22:4 nos diz quando afirma que "seu nome estará escrito na testa de cada um". O nome de Deus representa Seu caráter perfeito, portanto, levar Seu nome significa ser como Ele. No Céu, não mais lutaremos contra o pecado porque refletiremos para sempre a maravilha de Sua santidade.

Finalmente, *reinar*. Serviremos ao nosso Rei governando e reinando com Ele "para todo o sempre" (Apocalipse 22:5).

O que faremos na eternidade? Para começar, serviremos a Deus, veremos o nosso Salvador e reinaremos com Ele para sempre. E isso é apenas o começo. Certamente não haverá tédio!

MOMENTO DE VIDA

Qual é a concepção mais comum sobre o que faremos na eternidade?

MOMENTO COM DEUS

O que você mais espera fazer no Céu?

> *No Céu, não mais lutaremos contra o pecado.*

46

Quando viver é difícil demais

1 Reis 3:4-14

...ó SENHOR, meu Deus, tu me fizeste reinar em lugar de meu pai, Davi, mas sou como uma criança pequena que não sabe o que fazer. 1 Reis 3:7

Jimmy Carter, quando jovem, era um aspirante a oficial da Marinha Americana. Ele foi profundamente impactado pelo exemplo do Almirante Hyman Rickover, o oficial superior da frota de submarinos nucleares norte-americanos.

Pouco tempo após sua posse como presidente, em 1977, Carter convidou Rickover à Casa Branca para um almoço. Nessa ocasião, o Almirante presenteou Carter com uma placa onde se lia: "Ó Deus, o Teu mar é tão grande, e o meu navio, tão pequeno." Essa oração traduz uma perspectiva útil a respeito do tamanho e da complexidade da vida, e da nossa inabilidade em lidar com ela sozinhos.

Salomão também sabia que a vida podia ser esmagadora. Quando sucedeu seu pai Davi como rei de Israel, ele confessou a sua fraqueza a Deus, dizendo: "ó SENHOR, meu Deus, tu me fizeste reinar em lugar de meu pai, Davi, mas sou como uma criança pequena que não sabe o que fazer" (1 Reis 3:7). Consequentemente, ele pediu por sabedoria para liderar de maneira que agradasse a Deus e que ajudasse outras pessoas (v.9).

A vida parece difícil demais para você? Talvez não haja respostas fáceis para os desafios que você estiver enfrentando, mas Deus promete que, se você pedir sabedoria, Ele a concederá (Tiago 1:5). Você não precisa enfrentar sozinho os desafios esmagadores da vida.

MOMENTO DE VIDA

O que em sua vida que parece ser grande demais para você dar conta individualmente? Que herói fictício você precisaria ser para lidar sozinho com isso tudo?

MOMENTO COM DEUS

Na verdade, você não precisa ser um herói fictício, pois você tem um herói real em nosso Todo-poderoso Deus. Você já agiu como Salomão e pediu a sabedoria divina para a situação?

> *Salomão pediu por sabedoria para liderar de maneira que agradasse a Deus e que ajudasse outras pessoas.*

47
Um local de refúgio
Salmo 57

*À sombra de tuas asas me esconderei,
até que passe o perigo.* Salmo 57:1

Acredita-se que Davi escreveu o Salmo 57 enquanto fugia do rei Saul, o qual odiava o jovem que tinha sido pastor de ovelhas. Davi escondeu-se em uma caverna e escapou por pouco de seu perseguidor. Ele estava seguro temporariamente, mas a ameaça ainda persistia.

Todos nós já sentimos isso. Talvez não em uma caverna, mas perseguidos por algo que infundisse medo em nosso coração. Talvez tenha sido a profunda tristeza que surge após a morte de alguém que amamos. Talvez tenha sido o medo de um futuro desconhecido ou quem sabe uma opressiva doença física que insiste em permanecer.

Em tais circunstâncias, Deus nem sempre remove a dificuldade, mas Ele está presente para nos ajudar. Desejamos que Ele surja inesperadamente e nos leve para um lugar seguro, assim como Davi pode ter desejado um fim rápido para a perseguição de Saul. Rogamos a Deus que acabe com a dor e torne o caminho para o amanhã mais leve e mais tranquilo. Suplicamos a Ele que elimine os obstáculos. Mas as dificuldades permanecem. Esse é o momento que, como Davi o fez, devemos nos refugiar em Deus. Enquanto se escondia naquela caverna, ele disse: "À sombra de tuas asas me esconderei, até que passe o perigo" (Salmo 57:1).

Você está com problemas? Busque refúgio no Deus Altíssimo.

MOMENTO DE VIDA

O que o assusta e o faz temer lidar com a situação? O que gostaria de poder fazer? O que você está fazendo a respeito disso?

MOMENTO DE DEUS

Parece covardia depender de Deus e ficar "à sombra de [Suas] asas"? Você acha que Davi agiu com covardia nessa situação?

> *Deus nem sempre remove a dificuldade, mas Ele está presente para nos ajudar.*

48

O que significa enigma?
Gênesis 1:1,20-27

Então Deus disse: "Façamos o ser humano à nossa imagem; ele será semelhante a nós". Gênesis 1:26

A palavra *enigma* numa história de detetives ou de ficção significa "quem fez, quem é o culpado?". A questão da criação é o mistério indecifrável mais importante de todos os tempos.

Algumas pessoas gostariam que a Bíblia dissesse isto: "No princípio, Deus não era necessário". Para tais pessoas é inaceitável dizer: "No princípio, Deus criou os céus e a terra" (Gênesis 1:1), ou "Façamos o ser humano à nossa imagem" (v.26).

Em vez disso, elas acreditam que após uma explosão de energia e matéria (que em si não tinha origem ou razão de existir), de alguma forma uma atmosfera perfeitamente propícia à vida foi formada (as chances de isso ter acontecido são astronomicamente minúsculas). Consequentemente os organismos unicelulares de alguma forma se transformaram nas formas de vida extremamente complexas de hoje.

Não há necessidade de Deus, pois tudo aconteceu naturalmente, pensam elas. Em uma terra e numa atmosfera onde não havia forças nem quaisquer materiais para existir, forças desconhecidas e incompreensíveis se uniram para colocar a Terra no ponto perfeito do Universo e supri-la com materiais perfeitos (minerais, oxigênio, alimentos) para que a vida prosperasse.

O que nós devemos pensar a partir da declaração de "no princípio, Deus" estar no centro de tudo? Devemos crer em Sua Palavra, e em tudo o que ela afirma, ou crer que a nossa vida sem sentido resultou de alguma reação totalmente acidental e irracional? Isso contrasta gritantemente com a declaração do Pai, Filho e Espírito Santo dizendo: "Façamos o homem à nossa imagem"!

No início. Foi Deus ou foi acaso? Nossa resposta a esse mistério revela se realmente adoramos ou não o maravilhoso Deus da criação.

MOMENTO DE VIDA

O que mais chama a sua atenção sobre a ideia da criação conforme apresentada na Bíblia? O que mais o preocupa nas teorias do surgimento do Universo e da humanidade sem a intervenção de Deus?

MOMENTO COM DEUS

O salmista disse: "Os céus proclamam a glória de Deus" (Salmo 19:1). O que isso significa no quadro geral da criação?

> *O que pensar a partir da declaração de "no princípio, Deus" estar no centro de tudo?*

49
As maravilhosas mãos de Deus
Salmo 31:1-8

Em tuas mãos entrego meu espírito; resgata-me, Senhor, pois és Deus fiel. Salmo 31:5

Após 20 minutos do voo de uma capital à outra, o plano da viagem mudou à medida que a calma deu lugar ao caos. Quando um dos motores do avião falhou, e pedaços do motor quebraram uma das janelas, a cabine sofreu os efeitos da despressurização. Infelizmente, vários passageiros se feriram e um deles morreu. Se não fosse pelo piloto calmo e capaz que estava no comando, treinado como piloto de combate da Marinha, as coisas poderiam ter sido tragicamente piores. A manchete em nosso jornal local dizia: "Em mãos maravilhosas".

No Salmo 31, Davi revelou que sabia algo sobre as maravilhosas e bondosas mãos do Senhor. É por isso que ele pôde afirmar com confiança: "Em tuas mãos entrego meu espírito..." (v.5). Davi acreditava que podia confiar no Senhor mesmo quando a vida estava difícil. Por Ele ter sido alvo de forças hostis, a vida lhe era muito desconfortável. Embora vulnerável, não estava sem esperança. Em meio a perseguição, Davi respirou aliviado e pôde alegrar-se, pois o fiel e amoroso Deus era a sua fonte de confiança (vv.5-7).

Talvez você se encontre num momento da vida em que as coisas estão vindo de todas as direções, e é difícil ver o que está à frente. Em meio às incertezas, confusão e caos, uma coisa permanece absolutamente certa: aqueles que estão seguros no Senhor estão amparados por Suas maravilhosas mãos.

MOMENTO DE VIDA

Você já enfrentou uma emergência que colocou sua vida em risco? Como o seu relacionamento com Deus o ajudou?

MOMENTO COM DEUS

Em quais situações você se refugia em Deus de maneira nova e até mesmo urgente? Quem você conhece que poderia ajudá-lo a superar tais dificuldades, em nome de Jesus?

> *Em meio a perseguição, Davi pôde respirar aliviado e alegrar-se porque o fiel e amoroso Deus era a fonte de sua confiança.*

50
Coisas tão maravilhosas!
Salmo 126

Que podemos dizer diante de coisas tão maravilhosas?
Se Deus é por nós, quem será contra nós?
Romanos 8:31

No dia 9 de novembro de 1989, o mundo ficou surpreso com a queda do Muro de Berlim. O muro que dividira Berlim, na Alemanha, estava ruindo e a cidade dividida por 28 anos se uniria novamente. Embora o epicentro da alegria fosse na Alemanha, o mundo ao redor compartilhou desse júbilo. Algo maravilhoso tinha acontecido!

Quando Israel retornou à sua terra natal em 538 a.C., depois do exílio por quase 70 anos, esse acontecimento também foi grandioso. O Salmo 126 começa com um olhar para o passado e para um momento cheio de alegria na história de Israel. A experiência foi marcada pelo riso, cânticos alegres e o reconhecimento de outras nações de que Deus havia feito grandes coisas por Seu povo (v.2). E qual foi a reação dos destinatários de Sua misericórdia salvadora? Deus fez coisas grandiosas que despertaram grande alegria (v.3). Além disso, Suas obras no passado se tornaram a base para novas orações para a presente e brilhante esperança para o futuro (vv.4-6).

Não precisamos olhar tão longe em nossas experiências para buscar exemplos dos grandiosos feitos de Deus, especialmente se cremos em Deus por meio de Seu Filho, Jesus. Fanny Crosby, autora de hinos do século 19, capturou esse sentimento quando escreveu: "A Deus demos glória, com grande fervor, Seu Filho bendito por nós todos deu" (CC. 15). Sim, a Deus seja a glória, pois Ele tem feito coisas tão maravilhosas!

MOMENTO DE VIDA

Quais são os três principais feitos grandiosos que Deus fez por você?

MOMENTO COM DEUS

Você diria que tem sido tão grato quanto deveria, ou precisa aumentar um pouco a gratidão por tudo que Deus fez?

> *Deus fez coisas grandiosas que despertaram grande alegria.*

51
Verdadeiramente livres
João 8:31-36

Portanto, se o Filho os libertar, vocês serão livres de fato. João 8:36

O filme *"Amistad"* (1997) conta a história de escravos da África Ocidental que em 1839 assumiram o controle do barco que os transportava, matando o capitão e parte da tripulação. Eles foram recapturados, presos e levados a julgamento. Uma cena inesquecível apresenta Cinqué, líder dos escravos, implorando apaixonadamente por liberdade. Três simples palavras repetidas com intensidade cada vez maior por um homem algemado e em inglês rudimentar, acabou por silenciar a sala de audiências: "Dê-nos liberdade!". Fez-se justiça e eles foram libertos.

Muitos hoje não correm o risco de serem fisicamente presos, mas a verdadeira libertação do cativeiro espiritual do pecado permanece ilusória. As palavras de Jesus em João 8:36 oferecem suave alívio: "...se o Filho os libertar, vocês serão livres de fato". Jesus ensinou que Ele mesmo é a fonte da verdadeira emancipação, porque o Salvador oferece perdão a quem crer nele. Embora alguns que estavam na presença de Jesus se considerassem livres (v.33), as palavras, atitudes e ações deles em relação a Ele traíam a sua argumentação.

Jesus deseja ouvir os que apelariam como Cinqué dizendo: "Dê-me liberdade!". Com compaixão, Jesus aguarda as súplicas daqueles que estão algemados pela incredulidade, medo ou fracasso. A liberdade é o cerne da questão. Essa liberdade é reservada aos que creem que Jesus é o Filho de Deus e que Ele foi enviado ao mundo para quebrar o poder do pecado sobre nós por meio de Sua morte e ressurreição.

MOMENTO DE VIDA

De que maneira o pecado já o prendeu no passado, e como você se sentiu quando Jesus o libertou dessas correntes que o prendiam?

MOMENTO COM DEUS

Que direito Jesus tem de conceder liberdade às pessoas? Por que Ele é o único que pode fazer isso?

> *Com compaixão, Jesus aguarda as súplicas daqueles que estão algemados pela incredulidade, medo ou fracasso.*

52
O triunfo do perdão
Salmo 32:1-7

Como é feliz aquele cuja desobediência é perdoada, cujo pecado é coberto! Salmo 32:1

Marcos lutava desesperado contra a dependência de drogas e o pecado sexual. Os relacionamentos que ele valorizava estavam desordenados, e a consciência dele o perturbava. Sentindo-se miserável, Marcos entrou numa igreja e pediu para falar com o pastor. Encontrou alívio ao compartilhar sua história e ouvir sobre a misericórdia e o perdão de Deus.

Acredita-se que Davi escreveu o Salmo 32 após praticar o pecado sexual. Ele agravou seu erro ao elaborar uma estratégia sinistra resultando na morte do marido da mulher com quem havia pecado (2 Samuel 11-12). Embora esses terríveis acontecimentos tenham ficado no passado, as consequências de suas práticas permaneceram. Lemos no Salmo 32:3-4 sobre as profundas lutas de Davi antes de ele reconhecer a gravidade de suas ações; os efeitos atormentadores do pecado não confessado eram inegáveis. O que o aliviou? A confissão a Deus e a aceitação do perdão que o Senhor oferece (v.5).

Que ótimo lugar para começarmos, na misericórdia de Deus, quando dizemos ou fazemos coisas que causam danos e prejudicam a nós mesmos e aos outros! A culpa do nosso pecado não precisa ser permanente. Os braços de Deus estão largamente abertos para nos receber quando reconhecemos os nossos erros e buscamos o Seu perdão. Podemos nos juntar a Davi, que sabia sobre o que ele estava falando quando disse: "Como é feliz aquele cuja desobediência é perdoada, cujo pecado é coberto!" (v.1).

MOMENTO DE VIDA

O que podemos aprender sobre "negação do pecado" com a história de Davi?

MOMENTO COM DEUS

Leia o Salmo 32 com muita atenção. Quando há pecado, há dois papéis: o do homem e o de Deus. Qual é o papel do homem? E o de Deus?

> *Que ótimo lugar para começarmos, no lugar da misericórdia de Deus.*

53
Amor mais profundo
1 Pedro 4:7-11

Mas Deus nos prova seu grande amor ao enviar Cristo para morrer por nós quando ainda éramos pecadores. Romanos 5:8

Ao se conhecerem, Edwin Stanton esnobou pessoal e profissionalmente Abraham Lincoln, o presidente dos Estados Unidos, referindo-se a ele como uma "criatura de braços longos". No entanto, Lincoln reconheceu as habilidades de Stanton e optou por perdoá-lo, nomeando-o eventualmente para um cargo em seu gabinete durante a Guerra Civil. Mais tarde, Stanton aprendeu a apreciar o presidente Lincoln como um grande amigo. E foi ele que sentou-se ao lado da cama de Lincoln por toda a longa noite após o presidente ser baleado no *Teatro Ford*. Ao ver o amigo falecer, sussurrou em meio às lágrimas: "Agora ele pertence a história".

A reconciliação é maravilhosa. O apóstolo Pedro orientou os cristãos à prática da concórdia escrevendo: "Acima de tudo, amem uns aos outros sinceramente, pois o amor cobre muitos pecados" (1 Pedro 4:8). As palavras de Pedro me fazem questionar se ele estava pensando em sua própria negação de Jesus (Lucas 22:54-62) e no perdão que Jesus lhe ofereceu (e a nós) por meio da cruz.

O profundo amor que Jesus demonstrou por meio de Sua morte na cruz nos liberta da dívida de nossos pecados e abre caminho para a nossa reconciliação com Deus (Colossenses 1:19-20). Seu perdão nos capacita a perdoar os outros quando percebemos que não podemos perdoá-los com nossas próprias forças e pedimos ao Senhor que nos ajude. Quando amamos os outros porque nosso Salvador os ama e quando nós perdoamos os outros porque Ele nos perdoou, Deus nos permite esquecer o passado. Feito isso, podemos caminhar com o Senhor por Sua graça em novos e surpreendentes lugares.

MOMENTO DE VIDA

Você já presenciou uma reconciliação familiar transformar uma situação antes negativa em situação positiva?

MOMENTO COM DEUS

A chave para entender o perdão de Deus é esta: enquanto ainda éramos pecadores, Deus nos perdoou. Olhando sua situação atual, o que isso significa?

> *A reconciliação é maravilhosa.*

54

Círculos de alerta

Hebreus 10:19-25

Portanto, animem e edifiquem uns aos outros... 1 Tessalonicenses 5:11

As gazelas africanas formam instintivamente "círculos de alerta" enquanto descansam. Elas se reúnem em grupos com cada animal voltado para fora do círculo focando numa direção levemente diferente. Isso permite que rastreiem o horizonte em 360 graus e vejam os perigos ou oportunidades que se aproximam.

Não vigiam apenas a si próprias; os membros do grupo cuidam uns dos outros. Isso testifica da sabedoria de Deus para os que seguem a Cristo. A Bíblia nos encoraja que "Pensemos em como motivar uns aos outros na prática do amor e das boas obras. E não deixemos de nos reunir" (Hebreus 10:24-25).

O autor de Hebreus explica que Deus jamais teve a intenção de que os cristãos vivessem isolados. Juntos somos mais fortes. Somos capazes de nos encorajarmos "mutuamente" (v.25), "para que, com o encorajamento que recebemos de Deus, possamos encorajar outros quando eles passarem por aflições" (2 Coríntios 1:4), e ajudar a ficarem alertas aos esforços do nosso inimigo, o diabo, que "anda como um leão rugindo à sua volta, à procura de alguém para devorar" (1 Pedro 5:8).

O objetivo do nosso cuidado uns pelos outros é muito mais do que a sobrevivência. É para nos tornarmos como Jesus: servos amorosos e eficazes de Deus neste mundo, pessoas que juntas aguardam com confiança a esperança de Seu reino vindouro. Todos nós precisamos de encorajamento, e Deus nos ajudará a auxiliarmos uns aos outros enquanto juntos nos aproximamos do Senhor em amor.

MOMENTO DE VIDA

Quais são os amigos que você pode contar sempre que precisar de ajuda física ou espiritual?

MOMENTO COM DEUS

De que maneira Deus o equipa para ser alguém digno da confiança de outros?

> *Deus jamais teve a intenção de que os cristãos vivessem isolados.*

55
Dicas de jardinagem
Marcos 4:1-9

E as que caíram em solo fértil representam os que ouvem e aceitam a mensagem e produzem uma colheita... Marcos 4:20

Certo livro de jardinagem trazia este bom conselho: "Cuide do solo e não se preocupe com as plantas. Se o solo é bom, a semente produzirá raízes e crescerá".

Na parábola do Semeador, Jesus falou sobre a importância de um "solo fértil". Ele definiu o solo fértil como àqueles que "ouvem" a Palavra de Deus e a "aceitam" e "produzem uma colheita" (Marcos 4:20). Se mantivermos o nosso coração brando e receptivo ao que Deus quer que saibamos, Sua mensagem na Bíblia se enraizará, crescerá e produzirá frutos.

Quando plantamos nossas lavouras, seja no quintal ou numa enorme plantação de milho, a vida está presente na semente. Sob as condições certas, ela crescerá até alcançar maturidade e produzirá frutos. De forma semelhante, se a semente da Palavra é plantada em solo bom em um coração receptivo, ela crescerá até que seja visto o caráter de Cristo.

Para o cristão, o poder da vida espiritual vem do Espírito Santo que habita em nós. Ao abrirmos o nosso coração para a Palavra com o desejo de obedecê-la, o Espírito fará com que cresçamos e venhamos a produzir frutos (Gálatas 5:22-23).

Não podemos acelerar o nosso crescimento, da mesma maneira que não podemos forçar o crescimento das semente em nossos jardins. No entanto, podemos cuidar do solo, mantendo o nosso coração brando, receptivo e obediente à Palavra de Deus. Consequentemente, produziremos a retidão.

Que tipo de solo é você?

MOMENTO DE VIDA
Se você fosse um agricultor, o que gostaria de cultivar?

MOMENTO COM DEUS
De que maneira o Espírito Santo interage com você?

> *O poder da vida espiritual vem do Espírito Santo que habita em nós.*

56

Novos cânticos

Salmo 40:1-10

Deu-me um novo cântico para entoar, um hino de louvor a nosso Deus. Salmo 40:3

O cântico da baleia jubarte é um dos mais estranhos na natureza. É uma estranha combinação de gemidos altos e baixos. Os estudiosos sobre a vida das baleias, dizem que os sons que elas emitem são dignos de serem observados porque estes gigantes das profundezas mudam suas canções continuamente. Sempre acrescentam novos padrões e eliminados os velhos de tal modo que após determinado tempo, a baleia na verdade canta uma canção totalmente nova.

O cristão deveria compor continuamente novos cânticos de louvor, sobre as renovadas e contínuas misericórdias de Deus. Infelizmente, muitos de nós apenas seguem cantando "os mesmos hinos antigos".

Devemos reafirmar continuamente as bases fundamentais da nossa fé. Não obstante, como o salmista nos mostra, são muitas as obras da libertação de Deus na vida do Seu povo. Suas obras, que são muito mais do que podemos contar, dão-nos motivos para expressarmos o nosso louvor a Ele de múltiplas formas (Salmo 40:5).

Então, por que expressamos o nosso testemunho da graça salvadora de Deus sempre da mesma maneira, ano após ano? Uma nova experiência das misericórdias da cruz e do poder da ressurreição de Cristo deve preencher continuamente o nosso coração e mente com novos cânticos.

A história do evangelho nunca muda, graças a Deus por isto. Mas os nossos cânticos de louvor deveriam ser sempre novos.

MOMENTO DE VIDA

Você testemunha o que diz o autor deste texto e repete sempre suas antigas experiências com Cristo?

MOMENTO COM DEUS

De que maneiras você pode renovar as expressões do seu amor por Jesus? Lendo um novo livro de um autor cristão? Ouvindo novos louvores? Acessando *podcasts* cristãos? Outras ideias?

> *Uma nova experiência das misericórdias da cruz e do poder da ressurreição de Cristo deve preencher continuamente o nosso coração e mente com novos cânticos.*

57
A beleza de Roma
João 17:1-5

E a vida eterna é isto: conhecer a ti, o único Deus verdadeiro... João 17:3

A glória do Império Romano proporcionou um grande cenário para o nascimento de Jesus. Em 27 a.C., o primeiro imperador de Roma, César Augusto, encerrou 200 anos de guerra civil e começou a substituir os locais degradados por monumentos, templos, arenas e complexos governamentais. Segundo o historiador romano Plínio, o Velho, aqueles eram "os mais belos edifícios que o mundo já viu".

Contudo, mesmo com sua beleza, a Cidade Eterna e seu império tinham um histórico de brutalidade que continuou até a queda de Roma. Milhares de escravos, estrangeiros, revolucionários e desertores do exército foram crucificados em postes ao longo das estradas, como um aviso a qualquer um que ousasse desafiar o poder de Roma.

Que ironia a morte de Jesus na cruz romana acabar revelando uma glória eterna que fez o orgulho de Roma parecer a beleza momentânea de um pôr do sol!

Quem poderia ter imaginado que, na maldição lançada pelo público e na agonia da cruz encontraríamos a glória eterna do amor, da presença e do reino do nosso Deus?

Quem poderia ter prevísto que todo o Céu e a Terra um dia cantariam: "Digno é o Cordeiro que foi sacrificado de receber poder e riqueza, sabedoria e força, honra, glória e louvor!" (Apocalipse 5:12)?

MOMENTO DE VIDA

De todos os edifícios do mundo, em sua opinião, qual é o edifício mais bonito e inspirador que você viu pessoalmente ou em fotos?

MOMENTO COM DEUS

Pense nisto: A cruz foi o instrumento de tortura mais brutal e horrendo, no entanto, ela se tornou algo que nos revela algo belo. Por que a cruz é um símbolo tão maravilhoso?

> *Na maldição lançada pelo público e na agonia da cruz encontramos a glória eterna do amor, da presença e do reino do nosso Deus.*

58
Daqui ao Céu
Efésios 2:1-10

Pois somos obra-prima de Deus, criados em Cristo Jesus a fim de realizar as boas obras que ele de antemão planejou para nós. Efésios 2:10

À s vezes alguns atletas profissionais ganham coisas de graça. Você deve ter ouvido falar de jogadores que assinaram um contrato de longo prazo para jogar, mas foram forçados a se aposentar antes do contrato expirar. Em alguns esportes, como o beisebol, o time precisa continuar pagando ao jogador. Um famoso jogador recebe um crédito de mais de um milhão de dólares a cada dia 1.º de julho até o ano de 2035, embora ele tenha se aposentado em 2001. E ele não precisa fazer absolutamente nada para recebê-lo.

Nós, como cristãos, precisamos ter cuidado para não vemos a nossa fé salvadora dessa mesma forma. Nunca devemos pensar: "Estou salvo e tenho riquezas eternas vindo em minha direção. Não tenho que fazer mais nada para Deus".

Isso está parcialmente correto, mas muito errado. Por um lado, nossa jornada daqui para o Céu foi totalmente paga pelo sacrifício de Jesus. Não há nada que possamos fazer para ganhar a salvação. Mas há outra parte disso que devemos considerar.

Em Efésios 2:8-9, Paulo diz claramente que não precisamos fazer nada e que a salvação é um "dom de Deus". Mas o versículo 10 diz que também temos um trabalho a fazer. Como cristãos, somos "criados em Cristo Jesus a fim de realizar as boas obras". Deus tem tarefas planejadas para nós enquanto estivermos nesta Terra, não para pagar nossa dívida, mas para honrar nosso Salvador.

A vida daqui à eternidade não é um cruzeiro de férias, é um maravilhoso privilégio e um chamado para servir a Deus.

MOMENTO DE VIDA

Às vezes a quantidade de dinheiro que os atletas competidores recebem nos incomoda. Quem você acha que é o atleta mais bem pago no esporte?

MOMENTO COM DEUS

Jesus pagou o preço pelo nosso pecado, o que significa que recebemos algo que não merecemos: adoção na família de Deus, vida "em abundância" (João 10:10) e vida eterna na presença de Deus. Nada pagamos por nossa salvação, mas o que podemos fazer como forma de agradecimento?

> *Deus tem tarefas planejadas para cumprirmos enquanto estivermos nesta Terra — não para pagar nossa dívida, mas para honrar nosso Salvador.*

59

Tomando atalhos

Lucas 9:57-62

...Se alguém quer ser meu seguidor, negue a si mesmo, tome diariamente sua cruz e siga-me. Lucas 9:23

As chuvas da primavera e a luz do sol tinham provocado a vinda de grande quantidade de cores exuberantes num canteiro de flores muito bem cuidado. Observando a incrível paisagem daquelas flores, alguém comentou: "Eu quero essa vista sem ter todo o trabalho".

Alguns atalhos são bons e até práticos. Não há nada de errado em buscar formas de obter um quintal lindo sem as dores e o trabalho árduo!

Outros atalhos causam um curto-circuito em nosso espírito e nos amortecem. Queremos os relacionamentos sem as dificuldades e as confusões de nos comprometermos com alguém tão diferente de nós mesmos. Queremos a "grandeza" sem os riscos e fracassos necessários na aventura da vida real. Desejamos agradar a Deus, apenas quando isso não nos incomoda.

Jesus deixou claro aos Seus seguidores que não há atalho que evite a difícil escolha de submetermos a nossa vida a Ele. E advertiu um futuro discípulo: "Quem põe a mão no arado e olha para trás não está apto para o reino de Deus" (Lucas 9:62). Seguir a Cristo exige uma alteração radical de nossas lealdades.

Quando confiamos em Jesus, a obra apenas começa. Mas isso vale muito a pena, pois Ele também nos disse que quem se sacrificar "por minha causa e por causa das boas-novas" receberá "cem vezes mais […], e, no mundo futuro, [terá] a vida eterna" (Marcos 10:29-30). O ato de seguir a Cristo é um desafio, mas Ele nos concedeu o Seu Espírito e a recompensa é a vida plena e alegre agora e para sempre.

MOMENTO DE VIDA

Se você pudesse estalar os dedos e fazer uma grande mudança em sua casa, qual seria?

MOMENTO COM DEUS

Jesus fez toda a obra da salvação morrendo na cruz, portanto, quais esforços ainda temos que fazer para fortalecer o nosso relacionamento com Ele?

> *Jesus deixou claro aos Seus seguidores que não há atalho que evite a difícil escolha de submetermos a nossa vida a Ele.*

60
Resgate divino
Amós 5:10-24

...quero ver uma grande inundação de justiça, um rio inesgotável de retidão. Amós 5:24

Quando John Lewis, congressista norte-americano e líder dos direitos civis, morreu em 2020, políticos de muitas correntes lamentaram. Em 1965, Lewis marchou com Martin Luther King Jr. para garantir aos cidadãos negros o seu direito de votar. Durante essa marcha, ele foi ferido no crânio e carregou as cicatrizes o restante de sua vida. Lewis nos alertou que quando vemos algo que é incorreto e injusto, temos a obrigação moral de dizer algo, fazer alguma coisa. Nunca, nunca, devemos temer "fazer barulho" e enfrentar as situações necessárias.

Lewis aprendeu cedo que fazer o que era certo, ser fiel à verdade, exigia envolver-se com o "bem". Ele precisaria falar coisas que eram impopulares. O profeta Amós sabia disso também. Vendo o pecado e a injustiça de Israel, ele não podia calar. Amós denunciou como os poderosos "[afligiam] o justo aceitando subornos e [não faziam] justiça ao pobre nos tribunais", enquanto construíam "belas casas de pedra" com "videiras verdejantes" (Amós 5:11-12). Em vez de ficar seguro e confortável fora do confronto, Amós deu nome ao que era o mal. Ele criou problemas bons e necessários.

Seu objetivo era obter justiça para todos: "um rio inesgotável de retidão" (v.24). Quando nos envolvemos com problemas que clamam por justiça, o objetivo é sempre a bondade e a cura.

MOMENTO DE VIDA

Você já abordou outras pessoas para que fizessem uma mudança necessária, mas, ao fazê-lo, notou que ia contra a corrente, causando "bons" problemas?

MOMENTO COM DEUS

Deus fala com você agora em relação a envolver-se para garantir que as pessoas sejam tratadas com justiça, na igreja, no trabalho ou em sua vizinhança?

O objetivo é sempre o bem e a cura.

61
Invista tempo com Deus
Lucas 5:12-16

Ele, porém, se retirava para lugares isolados, a fim de orar. Lucas 5:16

A *River Runs Through It* (Um rio que corre), de Norman Maclean, é a magistral história de dois rapazes que cresceram ao lado do pai, um ministro presbiteriano. Nas manhãs de domingo, Norman e o seu irmão, Paulo, frequentavam a igreja e ouviam o seu pai pregar. Nas noites de domingo, eles iam novamente ao culto e assistiam o sermão novamente. Mas nesse meio tempo entre os cultos, eles caminhavam livremente pelas colinas e riachos com o pai. Era uma pausa intencional, da parte do pai, para "restaurar a alma e reabastecê-la para transbordar no sermão da noite".

Ao longo dos evangelhos, vemos Jesus, nas colinas e cidades, ensinando às multidões e curando os doentes que lhe eram trazidos. Toda essa interação estava de acordo com a missão do Filho do Homem de "buscar e salvar os perdidos" (Lucas 19:10). Mas também se nota que Jesus com frequência "se retirava para lugares isolados" (5:16). O Seu afastamento era investido em tempo de comunhão com o Pai, em renovação e restauração para cumprir uma vez mais Sua missão.

Em nossos fiéis esforços para servir, é bom nos recordarmos de que Jesus "muitas vezes" se retirou. Se essa prática era importante para Jesus, quanto mais ela o é para nós? Que possamos regularmente investir o nosso tempo com o nosso Pai. Ele pode preencher-nos de novo até transbordarmos.

MOMENTO DE VIDA

Em casa, qual seu lugar favorito para ficar a sós com Deus e seus pensamentos?

MOMENTO COM DEUS

Imagine como deve ter sido para Jesus passar o dia ensinando às pessoas em toda a Galiléia, e depois ter um momento para conversar a sós com Deus. O que você acha que Ele poderia ter dito ao Pai?

> *Jesus investiu o Seu tempo em comunhão com o Pai, sendo renovado e restaurado.*

62
Estômagos sociais
Ezequiel 2:1-3:4

*Como são felizes os íntegros, os que seguem a lei do S*ENHOR*!* Salmo 119:1

A formiga-pote-de-mel sobrevive em tempos difíceis dependendo de certos membros de seu grupo conhecido como "pote de mel". Eles absorvem tanto néctar que incham até parecerem pequenos barris redondos, quase incapazes de se mover. Quando a comida e a água tornam-se escassas, essas formigas agem como "estômagos sociais" e sustentam toda a colônia, dispensando o que armazenaram em seus próprios corpos.

Da mesma forma, o mensageiro de Deus deve preencher o seu coração e mente com as verdades que encontramos nas Escrituras. Somente quando o mensageiro é fiel em aplicar a Palavra de Deus à sua própria vida, ele pode honestamente encorajar e exortar os outros.

O Senhor disse ao profeta Ezequiel para comer um rolo que continha uma mensagem cheia de "cânticos fúnebres, lamentações e palavras de condenação" (Ezequiel 2:10). Ezequiel submeteu-se ao Senhor e aplicou a lição primeiro ao seu próprio coração, e consequentemente pôde apresentar com ousadia a mensagem vivificante a todos os que quisessem ouvi-la.

Como cristãos, nós também devemos desenvolver um "estômago social" digerindo as verdades da Bíblia e permitindo que o Espírito de

Deus as torne parte de nossa vida. Então, alimentados pela Palavra de Deus, podemos falar de maneira eficaz aos que precisam de alimento espiritual.

MOMENTO DE VIDA

A natureza que Deus criou é incrível! Qual inseto ou animal mais o fascina?

MOMENTO COM DEUS

Você se sente confortável em falar com outras pessoas sobre assuntos espirituais? Se for difícil, quem poderia ajudá-lo a desenvolver essa habilidade?

> *O mensageiro de Deus deve encher o seu coração e mente com as verdades da Bíblia.*

63
Andando na contramão
Filipenses 2:1-11

Em vez disso, [Jesus] esvaziou a si mesmo...
Filipenses 2:7

Um documentário britânico de 1932 filmou Flannery O'Connor na fazenda da sua família. Mais tarde, ela se tornaria uma aclamada escritora norte-americana, chamando a atenção da equipe de filmagem porque tinha ensinado uma galinha a andar para trás. À parte desse fato inusitado, achei esse vislumbre da história uma metáfora perfeita. Por suas sensibilidades literárias e convicções espirituais, ela passou seus 39 anos definitivamente andando para trás, pensando e escrevendo de maneira contracultural. Seus editores e leitores ficaram totalmente confusos com a forma como seus temas bíblicos iam contra as visões religiosas que eles esperavam.

É inevitável que aqueles que verdadeiramente imitam Jesus sigam na contramão. Lemos em Filipenses, que Jesus, embora "sendo Deus", não agiu da maneira previsível que esperávamos (2:6). Embora "igual a Deus", Jesus não usou o Seu poder para Seu benefício, mas "esvaziou a si mesmo; assumiu a posição de escravo" (vv.6-7). Cristo, o Senhor da criação, rendeu-se à morte por amor. Não se apegou ao prestígio, mas acolheu a humildade. Não se apegou ao poder, mas cedeu ao controle. Jesus, em essência, andou na contramão, contra os poderes do mundo.

As Escrituras nos dizem para fazermos o mesmo (v.5). Como Jesus, nós servimos ao invés de dominarmos. Movemo-nos em direção à humildade ao invés da superioridade, doamos ao invés de tirarmos. No poder de Jesus, andamos na contramão.

MOMENTO DE VIDA

Em que momentos sua vida como cristão parece ser mais "contracultural"?

MOMENTO COM DEUS

Sabendo que é no ato de servir e no autossacrifício que mais honramos a Deus, como Ele o protege da sede de poder?

Como Jesus, servimos em vez de dominar.

64
O encantador das árvores
Salmo 1

*Ele é como a árvore plantada à margem do rio,
que dá seu fruto no tempo certo.*
Salmo 1:3

Tony Rinaudo é um "encantador de árvores". Na verdade, ele é um missionário da Visão Mundial e engenheiro agrônomo australiano empenhado num esforço de 30 anos em compartilhar as boas-novas de Cristo e combater o desmatamento em toda a região africana do Sahel, a sul do Saara.

Percebendo que os "arbustos" atrofiados eram árvores dormentes, Rinaudo começou a podá-las, cuidar delas e as regá-las. Seu trabalho inspirou milhares de agricultores a salvarem suas fazendas degradadas, restaurando florestas próximas e revertendo a erosão do solo. Os agricultores da Nigéria dobraram suas colheitas e renda, provendo alimentos para 2,5 milhões de pessoas a mais por ano.

Jesus, o criador da agricultura, referiu-se a táticas agrícolas semelhantes quando disse: "Eu sou a videira verdadeira, e meu Pai é o lavrador. Todo ramo que, estando em mim, não dá fruto, ele corta. Todo ramo que dá fruto, ele poda, para que produza ainda mais" (João 15:1-2).

Sem o cuidado diário de Deus, nossa alma fica estéril e seca. Quando nos deleitamos com Sua lei e meditamos sobre ela dia e noite, somos "como a árvore plantada à margem do rio". Nossas folhas "nunca murcham" e tudo que fazemos prospera (Salmo 1:3). Podados e plantados nele, somos sempre frutíferos, renovados e prósperos.

MOMENTO DE VIDA

Faça uma pequena pesquisa sobre como as pessoas na República do Níger estão recuperando a terra plantando árvores. Isso o encorajará.

MOMENTO COM DEUS

Há momentos em que você se sente espiritualmente seco? Você busca se nutrir da "videira verdadeira" que Jesus oferece?

> *Quando nos deleitamos com Sua lei e meditamos sobre ela dia e noite, somos "como a árvore plantada à margem do rio" (Salmo 1:3).*

65
De tudo o suficiente
2 Coríntios 9:6-15

*Deus é capaz de lhes conceder
todo tipo de bênçãos [...] e muito mais ainda,
para repartir com outros.* 2 Coríntios 9:8

No tempo em que os preços eram muito mais baixos, uma criança foi para o jardim de infância com uma moeda de 10 centavos no seu bolso para comprar uma caixinha de leite, para complementar o seu lanche. Quando ele voltou para casa naquela tarde, sua mãe lhe perguntou se ele havia comprado o leite. Ele respondeu, chorando: "Não, o leite custava 5 centavos e eu só tinha uma moeda de 10 centavos".

Quantas vezes respondemos às exigências que nos foram feitas com esta mesma compreensão infantil. Conforme a Palavra de Deus, temos todos os recursos que necessitamos à disposição, mais do que suficientes para suprir as nossas necessidades, e ainda assim somos relutantes em agir porque tememos não ter o suficiente. Mas a Bíblia nos assegura de que Deus nos deu toda a sorte de bênçãos em abundância. Pela Sua graça, temos tudo de que necessitamos para cumprir o propósito que Ele tem para nós (2 Coríntios 9:8).

O apóstolo Paulo não estava dizendo que temos graça suficiente para fazer qualquer coisa que desejemos. Deus não nos oferece um cheque em branco. Não, Paulo estava nos dando a certeza de que temos graça suficiente para fazer qualquer coisa que Deus pede que façamos, seja o doar dinheiro para a propagação do evangelho, como os cristãos de Corinto estavam fazendo (v.7) ou amar um adolescente difícil, um cônjuge indiferente ou os pais idosos.

Qualquer que seja a tarefa, Deus permitirá que tenhamos tudo de que precisamos para "repartir com outros" (v.8).

MOMENTO DE VIDA

Pondere sobre as bênção que Deus já lhe concedeu. Há alguma que seja a sua favorita?

MOMENTO COM DEUS

Qual é a "boa obra" que você crê que Deus o chamou para fazer por Ele?

> *Temos graça suficiente para fazer o que Deus tenha nos chamado para fazer.*

66

A grandeza da gratidão
Lucas 17:11-19

Um deles, ao ver-se curado, voltou a Jesus, louvando a Deus em alta voz. Lucas 17:15

Jesus estava a caminho de Jerusalém quando dez leprosos se aproximaram dele. Ficando parados a certa distância, como se exigia dos leprosos, eles clamaram a Jesus: "Jesus, Mestre, tenha misericórdia de nós!" (Lucas 17:13).

Quando Jesus os viu, ordenou: "Vão e apresentem-se aos sacerdotes" (v.14), pois seriam eles que os declarariam curados e não mais impuros. E enquanto se dirigiam até lá, os dez leprosos foram curados.

Um deles, quando viu que estava curado, voltou, prostrou-se aos pés de Jesus e agradeceu-lhe. "Onde estão os outros nove?" perguntou Jesus.

Boa pergunta.

Jesus referiu-se ao homem agradecido como um samaritano, um estrangeiro, talvez até para ressaltar que "os filhos deste mundo são mais astutos [...] que os filhos da luz" (16:8). A palavra traduzida como *astuto* significa "que leva em consideração, sábio". Algumas vezes as pessoas do mundo superam em boas maneiras aqueles que seguem Jesus.

Motivados pelas agitações da vida, podemos esquecer de agradecer às pessoas. Alguém que tenha feito algo para nós: dado um presente, feito uma tarefa, exortando-nos na hora certa, falado uma palavra de aconselhamento ou conforto, mas falhamos não sendo gratos.

Alguém lhe fez algo durante esta semana? Telefone para essa pessoa ou envie uma mensagem de gratidão. Afinal, o amor "não procura seus interesses" (1 Coríntios 13:5 NTLH).

MOMENTO DE VIDA

Você é conhecido pela esposa, amigos, colegas de trabalho como alguém cheio de gratidão? Pense num exemplo em que a sua gratidão encorajou outra pessoa.

MOMENTO COM DEUS

O fato de Jesus ter perguntado: "Onde estão os outros nove?" deve nos alertar para algo importante. Deus reconhece as nossas atitudes (se demonstramos gratidão) e Ele merece uma prestação de contas.

> *Algumas vezes as pessoas do mundo superam em boas maneiras aqueles que seguem Jesus.*

67

Cabo-de-guerra

Filipenses 2:1-4; 4:1-3

Então completem minha alegria concordando sinceramente uns com os outros, amando-se mutuamente e trabalhando juntos com a mesma forma de pensar e um só propósito. Filipenses 2:2

Uma pequena universidade tem um costume muito interessante. Todos os anos eles realizam uma competição de cabo-de-guerra. Duas equipes treinam e se preparam na esperança de ganhar a competição, evitar serem arrastados para o poço de lama e ficarem famosos no campus por um ano. Por ser uma prática de lazer, pode se tornar muito competitiva.

Como seguidores de Cristo, enfrentamos muitas vezes o desafio de puxarmos a corda juntos para o mesmo lado. Interesses próprios, planos pessoais e lutas por poder atrapalham o verdadeiro ministério e são um empecilho para a obra de Cristo.

Foi isso o que aconteceu na igreja dos filipenses. Paulo rogou a Evódia e a Síntique para que resolvessem "seu desentendimento" estando no Senhor (4:2). O atrito entre estas mulheres criou uma barreira para o seu serviço espiritual e o "cabo-de-guerra" entre as duas estava causando danos à vida da igreja.

Paulo apelou para que elas direcionassem seus esforços na mesma direção e servissem para a honra do Mestre. Este apelo também é atual para nós. Quando nos sentimos afastados de nossos companheiros cristãos, precisamos procurar a base, ou seja, o alicerce comum que temos no Salvador.

A igreja não é lugar para cabos-de-guerra. É urgente a necessidade de trabalharmos juntos para o avanço do reino de Deus. Ele pode nos usar de formas maravilhosas quando deixamos de lado as nossas diferenças e agimos com união.

MOMENTO DE VIDA

Há algo que gere um "cabo-de-guerra" entre você e outro cristão? O que você pode fazer para ajudar a resolver tal questão?

MOMENTO COM DEUS

Sob a inspiração de Deus, Paulo disse que, como cristãos, devemos ter a mesma opinião, "trabalhando juntos com a mesma forma de pensar". Por que isso é tão importante?

> *Quando nos sentimos afastados de nossos companheiros cristãos, precisamos procurar a base, ou seja, o alicerce comum que temos no Salvador.*

68
Encorajamento
Romanos 15:1-6

Devemos agradar ao próximo visando ao que é certo, com a edificação deles como alvo. Romanos 15:2

Na noite em que o presidente dos EUA, Abraham Lincoln, foi baleado, seus bolsos continham: Os óculos, um limpa-lentes, um canivete, um relógio de bolso, um lenço, uma carteira de couro contendo uma nota confederada de cinco dólares e oito recortes de jornais elogiosos a ele e suas políticas.

Podemos questionar o motivo daquele dinheiro estar em seu bolso, mas é fácil adivinhar o porquê dos recortes de jornais elogiosos a ele. Todos precisam de encorajamento, até mesmo um grande líder como Lincoln! Você consegue imaginá-lo talvez lendo-os à sua esposa momentos antes da fatídica peça?

Quem você conhece que precisa de encorajamento? Todos! Olhe à sua volta. Não há uma pessoa sequer em sua linha de visão que seja tão confiante quanto parece. Somos todos um fracasso, irônicos ou mal-humorados quando enfrentamos "um dia de cão".

E se todos nós obedecermos ao mandamento de Deus visando "ao que é certo, com a edificação deles como alvo"? (Romanos 15:2). E se nos determinássemos apenas a falar "palavras bondosas" que são "doces para a alma e saudáveis para o corpo?" (Provérbios 16:24). E se as escrevêssemos para que os amigos pudessem reler e saboreá-las? Então, todos nós teríamos anotações em nossos bolsos (ou telefones). E seríamos mais semelhantes a Jesus, que "não viveu para agradar a si mesmo", mas viveu para os outros (Romanos 15:3).

MOMENTO DE VIDA

O que a você gostaria de dizer ao cônjuge, caso enfrentasse os seus últimos minutos de vida?

MOMENTO COM DEUS

O segundo grande mandamento de Jesus no Novo Testamento é que amemos o nosso próximo como a nós mesmos. Como você pode fazer isso hoje de forma real e tangível, tendo em mente que nosso próximo é qualquer pessoa que encontramos ao longo do dia?

> *Quem você conhece que precisa de encorajamento? Todos! Olhe à sua volta.*

69
Um amigo de pecadores
Mateus 9:9-13

*Não vim para chamar os justos,
mas sim os pecadores, para que se arrependam.*
Lucas 5:32

Certa noite, Jesus estava jantando quando foi acompanhado por "um grande número de cobradores de impostos e pecadores" (Mateus 9:10). Os líderes religiosos daqueles dias ficaram escandalizados com o comportamento de Jesus. Chegaram à conclusão de que Jesus era amigo de pecadores e como se viu, Ele realmente o foi. "Porque o Filho do Homem veio buscar e salvar os perdidos" (Lucas 19:10).

Jesus estava moralmente separado dos pecadores e jamais participou do estilo de vida deles. No entanto, Ele não se separou fisicamente dos pecadores. Ele investiu o Seu tempo com eles e se tornou amigo dos pecadores.

Assim como Jesus, você e eu não podemos evitar a convivência com todo o tipo de pessoas nas nossas atividades diárias. Tertuliano, um antigo escritor romano, descreveu o relacionamento entre os cristãos e os não-cristãos dos seus dias, da seguinte maneira: "Nós vivemos entre vocês, comemos a mesma comida, vestimos as mesmas roupas, estamos com vocês neste mundo, não renunciando nem ao fórum, ao mercado, ao banho, a casa, ao local de trabalho, aos hotéis. Cultivamos a terra com vocês, unimo-nos a vocês em empreendimentos de negócios".

Nós também devemos buscar os perdidos, assim como Jesus o fez, e para isto não precisamos fazer muito esforço. É bom nos questionarmos de tempos em tempos: "Quantos amigos eu tenho que ainda não conhecem Jesus?"

MOMENTO DE VIDA

Quem você conhece que precisa aceitar Jesus como Salvador? Imagine como seria ver essa pessoa confiar em Jesus.

MOMENTO COM DEUS

É claro que Jesus era livre para buscar os perdidos; Ele era Deus encarnado. O que a Bíblia diz a respeito de precisarmos orientar as pessoas a Jesus?

> *Jesus estava moralmente separado dos pecadores e jamais participou do estilo de vida deles. No entanto, Ele não se separou fisicamente dos pecadores.*

70
Objetos no espelho
Filipenses 3:7-14

...esquecendo-me do passado e olhando para o que está adiante, prossigo para o final da corrida, a fim de receber o prêmio celestial para o qual Deus nos chama em Cristo Jesus. Filipenses 3:13-14

"**M**ais depressa!" diz um dos personagens no filme *Jurassic Park* (1993), quando ele e outros fogem no jipe de um tiranossauro furioso. Quando o motorista olha pelo espelho retrovisor, ele vê a mandíbula do terrível réptil furioso refletida pouco acima da inscrição: "OS OBJETOS NO ESPELHO PODEM ESTAR MAIS PRÓXIMOS DO QUE PARECEM".

Essa cena é a perfeita combinação de intensidade e humor negro. Contudo, às vezes, os "monstros" do nosso passado agem como se nunca parassem de nos perseguir. Olhamos no "espelho" de nossa vida e vemos os erros que aparecem ali, ameaçando nos consumir com a culpa ou vergonha.

O apóstolo Paulo entendeu o poder potencialmente paralisante do passado. Ele tinha passado anos tentando levar uma vida perfeita longe de Cristo e até mesmo perseguira os cristãos (Filipenses 3:1-9). O arrependimento por seu passado poderia facilmente tê-lo paralisado.

Entretanto, Paulo encontrou tanta beleza e poder em seu relacionamento com Cristo a ponto de desejar abandonar sua antiga vida (vv.8-9). Isso o libertou para prosseguir à frente com fé e não para trás com medo ou arrependimento. Paulo afirmou: "esquecendo-me do passado e olhando para o que está adiante, prossigo para o final da corrida" (vv.13-14).

Nossa redenção em Cristo nos liberta a viver para Ele. Não devemos permitir que os "reflexos no espelho" nos orientem qual é a direção à medida que também prosseguimos adiante.

MOMENTO DE VIDA

Todos que já dirigiram tem uma história com "foco no retrovisor". Qual é a sua?

MOMENTO COM DEUS

Existe algo que o "persiga" e que você ainda precisa entregar ao Senhor?

> *Paulo encontrou tanta beleza e poder em seu relacionamento com Cristo a ponto de desejar abandonar sua antiga vida.*

71
Inabalável em Jesus
Jeremias 1:4-10

E não tenha medo do povo, pois estarei com você e o protegerei. Eu, o SENHOR, falei! Jeremias 1:8

O avião de Louis Zamperini caiu no mar durante a Segunda Guerra Mundial, matando 8 dos 11 homens a bordo. Zamperini e dois outros subiram nos botes salva-vidas. Vagaram por 47 dias, afugentando tubarões, enfrentando tormentas, desviando-se de balas de aviões inimigos e comendo peixes e pássaros crus. Por fim, chegaram a uma ilha onde foram imediatamente capturados. Por dois anos, Zamperini foi espancado, torturado e trabalhou impiedosamente como prisioneiro de guerra. Sua notável história é contada no livro *Invencível* (Ed. Objetiva, 2010).

Jeremias é um dos personagens inabaláveis da Bíblia. Suportou conspirações (Jeremias 11:18), foi açoitado e colocado num tronco (20:2), amarrado em um calabouço (37:15-16) e lançado na lama profunda de um poço (38:6). Ele sobreviveu porque Deus havia prometido ficar com ele e resgatá-lo (1:8). Deus nos faz promessa semelhante: "Não o deixarei; jamais o abandonarei" (Hebreus 13:5). Deus não prometeu salvar Jeremias ou a nós de problemas, no entanto, Ele prometeu nos orientar ao passarmos pelos problemas.

Zamperini reconheceu a proteção de Deus e, após a guerra, ele entregou sua vida a Jesus. Perdoou os seus captores e levou alguns deles a

Cristo. Ele percebeu que, embora não possamos evitar todos os problemas, não precisamos sofrê-los sozinhos. Quando os enfrentamos com Jesus, tornamo-nos inabaláveis.

MOMENTO DE VIDA

O heroísmo de pessoas como Louis Zamperini é admirável. Quem você considera um herói no mundo de hoje?

MOMENTO COM DEUS

Que lutas você enfrenta hoje? Você já as entregou a Jesus, aceitando Sua ajuda e orientação?

> *Deus não prometeu salvar Jeremias ou a nós de problemas, no entanto, Ele prometeu nos orientar ao passarmos pelos problemas.*

72
"Pertenço ao Senhor"
Isaías 44:1-5

...pois o seu Espírito confirma a nosso espírito que somos filhos de Deus. Romanos 8:16

É fácil notar que a tatuagem é muito popular nos dias de hoje. Algumas tatuagens são quase imperceptíveis que mal as notamos. Outras, em atletas, atores ou até mesmo em pessoas comuns, cobrem grande parte do corpo com tintas, palavras e desenhos multicoloridos. A tendência parece estar aqui para ficar, uma tendência que rendeu 3 bilhões de dólares em receitas em anos recentes e um adicional de 66 milhões para a remoção dessas mesmas tatuagens.

Independentemente do que você pensa sobre tatuagens, lemos em Isaías 44 o que o profeta fala metaforicamente sobre os que tatuam "Pertenço ao Senhor" (v.5) em suas mãos. Essa "auto tatuagem" é o auge dessa passagem que fala inteiramente sobre o cuidado do Senhor aos quais Ele escolheu (v.1). O povo de Israel podia contar com a Sua ajuda (v.2); e suas terras e suas futuras gerações seriam abençoadas (v.3). "Pertenço ao Senhor" são palavras simples e poderosas, que afirmavam que o Seu povo sabia que pertencia a Deus e que o Senhor cuidaria deles.

Os que vêm a Deus por meio da fé em Jesus Cristo podem confiantemente dizer de si mesmos: "Pertenço ao Senhor!". Somos o Seu povo, Suas ovelhas, Sua descendência, Sua herança e Sua morada. Nas variadas etapas da vida, apegamo-nos a essa verdade. Embora não tenhamos marcas externas ou tatuagens que identifiquem que pertencemos a Deus, temos o testemunho do Espírito de Deus de que pertencemos a Ele em nosso coração (Romanos 8:16-17).

MOMENTO DE VIDA

Se você fosse tatuar-se com apenas uma palavra, qual seria?

MOMENTO COM DEUS

Na lista do autor sobre as vantagens de pertencer ao Senhor, ele menciona que somos Suas ovelhas, Seus descendentes, Sua herança e Sua morada. Qual destes têm maior significado em seu dia a dia?

> *Os que vêm a Deus pela fé em Jesus Cristo são Seu povo, Suas ovelhas, Sua descendência, Sua herança, Sua morada.*

73
Comendo palavras
Ezequiel 2:7-3:4

Filho do homem, coma o que lhe dou. Coma este rolo! Depois, vá e fale ao povo de Israel. Ezequiel 3:1

Uma australiana desenvolveu o desejo de comer papel. A dieta incomum começou quando criança e, à medida que ela crescia, comia até dez lenços de papel e meia página de jornal todos os dias. A mulher também consumia pequenas quantidades de papel mata-borrão, folhas de cadernos e recibos.

O hábito estranho dessa mulher pode parecer semelhante ao que o profeta descreve em Ezequiel 3, mas o "comer" dele deve ser considerado apenas simbólico. Com essa ilustração, Ezequiel estava falando sobre o exercício espiritual com o qual todos nós devemos nos envolver. Se desejamos declarar a Palavra de Deus com significado e poder, devemos reservar tempo para que ela se infiltre em nosso coração. Precisamos compreender as implicações do que Deus disse. Devemos permitir que a Sua Palavra se torne parte vital de nós, para que não falemos dela eloquentemente com desapego e falta de envolvimento, mas sim como aqueles que a "provaram" pessoalmente.

As verdadeiras palavras e os pensamentos de Deus são revelados na Bíblia. Não basta ler e apenas repetir. Pensemos nelas. Sintamos sua mensagem. Peçamos ao Senhor que nos dê esclarecimento, que ela se torne parte de nossa experiência e que nos ensine.

Sim, a leitura da Bíblia deste dia contém um princípio profundo: devemos "comer" a Palavra antes de pronunciá-la. Talvez assim não tenhamos que engolir nossas próprias palavras mais tarde.

MOMENTO DE VIDA

Quais os seus livros favoritos da Bíblia? Salmos? Epístolas? Evangelhos? Ou algum outro?

MOMENTO COM DEUS

Faça uma pausa e reflita sobre a frase abaixo. Ela o impulsiona a conhecer melhor a Palavra de Deus?

> *As verdadeiras palavras e os pensamentos de Deus são revelados na Bíblia.*

74
Atentos para ouvir
Salmo 85

Ouço com atenção o que Deus, o Senhor, diz...
Salmo 85:8

"Venha imediatamente, nós atingimos uma geleira", foram as primeiras palavras que Harold Cottam, o operador de rádio do navio *Carpathia*, recebeu do operador de rádio do *Titanic* que afundava às 0h25 em 15 de abril de 1912. O navio *Carpathia* foi o primeiro a chegar à cena do desastre, salvando 706 vidas.

Dias depois, o capitão do *Carpathia*, Arthur Rostron, testemunhou no Senado dos EUA: "Tudo foi absolutamente providencial. Naquele momento, ao acaso, o operador se preparava para dormir quando ouviu o rádio em sua cabine. Dez minutos depois e não teríamos ouvido o pedido de ajuda".

É importante estarmos atentos — especialmente à voz de Deus. Os autores do Salmo 85, descendentes de Corá, exortam-nos a prestar atenção e obediência aos seus escritos: Ouçam "com atenção o que Deus, o Senhor, diz, pois ele fala de paz a seu povo fiel; que não voltem, porém, a seus caminhos insensatos. Certamente sua salvação está perto dos que o temem" (vv.8-9). O aviso deles é especialmente comovente, pois seu antepassado, Corá, tinha se rebelado contra Deus e perecido no deserto (Números 16:1-35).

Na noite em que o *Titanic* afundou, tinha outro navio muito mais perto, mas o seu operador de rádio já estava deitado. Se ele tivesse ouvido o sinal de socorro, talvez mais vidas tivessem sido salvas. Quando ouvirmos a Deus e obedecermos Seus ensinamentos, Ele nos auxiliará a navegar até mesmo pelas águas mais conturbadas da vida.

MOMENTO DE VIDA
Não ouvir algo direito já o colocou em apuros?

MOMENTO COM DEUS
Quais são algumas atividades espirituais que o ajudam a "ouvir" a voz de Deus?

> *É importante estarmos atentos — especialmente à voz de Deus.*

75

Não haverá temor

Sofonias 3:9-17

Comerão e dormirão em segurança, e não haverá quem os atemorize. Sofonias 3:13

Quando a polícia etíope a encontrou uma semana depois de seu sequestro, três leões de juba negra a cercavam, protegendo-a como se ela lhes pertencesse. A menina de 12 anos tinha sido raptada, levada à floresta e espancada por sete homens. Uma pequena alcateia de leões ouviu os gritos dela e afugentou os atacantes. O sargento da polícia Wondimu Wedajo disse ao repórter que os leões a protegeram até que eles a encontrassem e então a deixaram como um presente antes de voltarem à floresta.

Há dias em que a violência e o mal, como o infligido a essa jovem, tiram a nossa esperança e nos aterrorizam. No passado, o povo de Judá experimentou isso quando foram invadidos por exércitos cruéis e sentiram-se incapazes de imaginar qualquer possibilidade de fuga. O medo os consumiu. No entanto, Deus sempre renovou Sua contínua presença com Seu povo: "O Senhor, o rei de Israel, estará em seu meio, e você nunca mais temerá a calamidade" (Sofonias 3:15). Mesmo quando as nossas catástrofes são o resultado de nossa rebelião, Deus ainda nos socorre: "o Senhor, seu Deus, está em seu meio; ele é um Salvador poderoso" (v.17).

Quaisquer que sejam os problemas, sejam quais forem os males, Jesus — o Leão de Judá — está conosco (Apocalipse 5:5). Não importa o quanto nos sintamos sós, nosso poderoso Salvador está conosco. Não importa os medos que nos assolam, nosso Deus nos assegura de que Ele está ao nosso lado.

MOMENTO DE VIDA

Qual é a maior história de resgate que você já presenciou? Alguma vez você se perdeu? Naufragou? Esteve no lugar errado na hora errada?

MOMENTO COM DEUS

Em qual situação você sentiu a presença de Deus em meio a uma situação difícil em que Ele era seu único recurso?

> *Mesmo quando as nossas catástrofes resultam de nossa própria rebelião, Deus ainda vem em nosso socorro.*

76
Rumo à maturidade espiritual
Efésios 4:11-16

Até que todos alcancemos a unidade que a fé e o conhecimento do Filho de Deus produzem e amadureçamos... Efésios 4:13

Uma pesquisa recente questionava os seus participantes para que identificassem a idade em que se tornaram adultos. Aqueles que se consideravam adultos destacavam os comportamentos que comprovavam isso. Ter um ganho financeiro e a compra de uma casa encabeçava a lista como sinal de "adultidade". Outros eram: cozinhar, cuidar da agenda médica, optar por lanches rápidos ou permanecer em casa num sábado à noite em vez de sair.

A Bíblia diz que também devemos buscar a maturidade espiritual. Paulo exortou a igreja de Éfeso, pedindo-lhes para amadurecer, "chegando à completa medida da estatura de Cristo" (Efésios 4:13). Enquanto somos "imaturos" na fé, somos vulneráveis a "qualquer vento de novos ensinamentos" (v.14), o que muitas vezes resulta em divisão entre nós. Em contrapartida, à medida que amadurecemos na nossa compreensão da verdade, agimos como um corpo unificado "mais parecidos com Cristo, que é a cabeça" (v.15).

Deus concedeu-nos o Seu Espírito para nos ajudar a crescer na plena compreensão de quem Ele é (João 14:26), e capacita os pastores e mestres para nos instruírem e nos conduzirem à maturidade na fé (Efésios 4:11-12). Assim como certas características são evidências de maturidade física, a nossa unidade como Seu corpo evidencia o nosso crescimento espiritual.

MOMENTO DE VIDA

O que você acha da ideia de chamar de "adultidade" as coisas que apenas adultos fazem? Quando você se considerou um adulto completo?

MOMENTO COM DEUS

Onde você está na escala da maturidade espiritual? Se não estiver satisfeito por não estar tão maduro em seu relacionamento com o Senhor, quais mudanças o farão crescer?

> *Deus concedeu-nos o Seu Espírito para nos ajudar a crescer na plena compreensão de quem Ele é.*

77
Sem pressa para orar
Salmo 46

Aquietem-se e saibam que eu sou Deus...
Salmo 46:10

Alice Kaholusuna relata uma história de como o povo havaiano sentava-se fora dos seus templos durante um longo período preparando-se antes de entrar. Em seguida, eles seguiam até ao altar para oferecer suas orações. Depois, sentavam-se fora do templo para "respirar vida" às orações. Quando os missionários chegaram à ilha, os havaianos estranhavam as orações deles. Os missionários se levantavam, pronunciavam algumas frases, diziam amém, e chamavam isso de oração. Os havaianos as consideravam orações "sem vida".

Esse exemplo nos mostra como nem sempre o povo de Deus aproveita a oportunidade para aquietar-se e ouvir (Salmo 46:10). Não se engane, Deus ouve as nossas orações, sejam elas rápidas ou de longa duração. Mas muitas vezes o ritmo da nossa vida imita o ritmo do nosso coração, e precisamos dar tempo suficiente para que Deus fale não só conosco, mas também aos que nos rodeiam. Quantos momentos vivificantes perdemos quando nos apressamos a dizer amém?

Com muita frequência somos muito impacientes, com pessoas mais lentas e até mesmo com os lentos no trânsito. No entanto, creio que em Sua bondade, Deus nos diz: Aquietem-se, respirem fundo, vão devagar e lembrem-se de que Eu sou Deus, Seu refúgio e força, ajuda sempre presente nas aflições. Agir assim significa reconhecer e confiar que Deus é Deus. Isso é viver!

MOMENTO DE VIDA

Você se considera paciente ou impaciente em relação ao trânsito, filas de supermercado e atualizações no computador?

MOMENTO COM DEUS

Qual o proveito em aquietar-se, ser paciente e esperar por Deus ao fazer o devocional a sós ou com a família?

> *Talvez, no silêncio, ouviríamos Deus dizer: "Aquietem-se, vão devagar e lembrem-se de que Eu sou Deus, Seu refúgio e força".*

78
Leitura proibida
Jeremias 36:1-8,21-26

...escreva nele todas as minhas mensagens [...]. Talvez o povo de Judá se arrependa [...]. Então perdoarei sua maldade e seus pecados. Jeremias 36:2-3

Todos os anos, a *Associação Americana de Livreiros* designa uma "Semana de livros proibidos" em comemoração à liberdade de ler e expressar a opinião "mesmo que essa opinião possa ser considerada pouco ortodoxa ou impopular".

A Bíblia é o livro mais vendido de todos os tempos, mas em algumas partes do mundo ela é proibida por ser considerada perigosa. Entretanto, a Bíblia é perigosa apenas para aqueles que temem descobrir que estão errados. É um Livro perigoso para aqueles que exploram os fracos e inocentes, que usam a força para manter os outros escravizados na pobreza e na ignorância, que não querem desistir de seu pecado favorito, que acreditam que a salvação pode ser encontrada sem Cristo.

Ninguém quer ouvir que está errado. Ninguém quer ouvir que seu comportamento está colocando a si mesmo e aqueles que amam em perigo, ou que a paciência de Deus acabará se esgotando. No entanto, essa foi a mensagem que Deus pediu que Jeremias escrevesse (Jeremias 36:2). Quando a mensagem de Deus foi lida ao rei Jeoaquim, o rei cortou o pergaminho e jogou-o no fogo (v.23).

A única maneira de saber se estamos certos é estarmos dispostos a descobrir onde estamos errados. Leia o livro banido mais vendido de todos os tempos e permita que ele lhe revele a verdade sobre Deus e sobre você mesmo.

MOMENTO DE VIDA

Qual seria um bom motivo para proibir um livro? Ou você acha que nenhum livro deveria ser banido?

MOMENTO COM DEUS

Além da verdade bíblica mais importante — a salvação —, cite outras que você considera essenciais?

> *A Bíblia é perigosa apenas para aqueles que temem descobrir que estão errados.*

79
Algo a dizer
Isaías 50:4-10

*O Senhor Soberano me deu suas palavras de sabedoria,
para que eu saiba consolar os cansados.*
Isaías 50:4

De acordo com os escritos de Einsten compilados por Peter Van De Kamp, Albert Einstein foi convidado a falar no Swarthmore College, na Pensilvânia, EUA. Ele respondeu ao tal convite assim: "Muito obrigado, mas não tenho nada a dizer".

Mais tarde, ele enviou uma mensagem ao reitor do colégio: "Agora tenho algo a dizer, posso ir?". O presidente Frank Aydelotte respondeu pedindo a Einstein que fizesse o discurso de formatura da turma de 1938, o que ele fez em 6 de junho daquele mesmo ano.

Talvez você tenha tido oportunidades de falar "palavras de sabedoria" para aqueles que estão cansados (Isaías 50:4), mas não sentiu que tivesse algo a dizer. Nesse caso, siga o exemplo do Servo do Senhor, o Messias prometido, sobre o qual lemos em Isaías 50:4-10. Por ouvir e obedecer ao que ouviu, Ele tinha uma mensagem para dar aos outros.

Abra a Palavra de Deus com prontidão para aprender e cumprir o que Ele lhe disser para fazer. Pense no Senhor como Alguém presente e falando com você, revelando Sua mente, emoções e vontade.

Medite em Suas palavras até compreender o que Ele está dizendo.

Então, como o Servo descobriu, com o tempo Deus lhe dará "suas palavras de sabedoria" (v.4). Se você ouvir o Senhor, terá algo que vale a pena dizer.

MOMENTO DE VIDA

Quando surge a oportunidade de falar, como costuma ser a sua reação?

MOMENTO COM DEUS

A essência de Isaías 50:4 é esta, "O Senhor Soberano me deu suas palavras de sabedoria". Embora essas palavras se refiram especificamente a Jesus, podemos ser gratos pela provisão de palavras de Deus para nós, que nos permite compartilhar a verdade com os outros.

> *Abra a Palavra de Deus com prontidão para aprender e cumprir o que Ele lhe disser para fazer.*

80
Lágrimas na eternidade
Apocalipse 21:1-8

*Ele lhes enxugará dos olhos toda lágrima,
e não haverá mais morte, nem tristeza, nem
choro, nem dor.* Apocalipse 21:4

Em 1991, o famoso guitarrista britânico Eric Clapton sofreu muito quando seu filho Conor, 4, morreu ao cair da janela do apartamento. Buscando uma saída para sua dor, Clapton escreveu, possivelmente, sua mais emocionante canção: "Lágrimas no céu". Parece que cada nota está carregada de um sentimento de dor e perda que somente pode ser compreendido por um pai que já perdeu um filho.

Todavia é surpreendente que Clapton disse numa entrevista na TV, anos mais tarde: "De certa forma, não foi uma canção triste. Foi uma canção de fé. Se é verdade que não existem mais lágrimas no céu, eu penso que é uma canção de otimismo e de reencontro".

A possibilidade de um reencontro na eternidade é verdadeiramente maravilhosa. Para todos os que confiaram em Jesus Cristo para sua salvação, existe a esperança de se reencontrarem para sempre num lugar onde Deus "enxugará dos olhos toda lágrima e não haverá mais morte, nem tristeza, nem choro" (Apocalipse 21:4). E, acima de tudo, é um lugar onde veremos "seu rosto" e estaremos para sempre com o próprio Cristo (22:4).

Nos momentos de perda e sofrimento, de lágrimas e tristeza, é reconfortante saber que Cristo preparou para nós um lar celestial, onde não haverá mais lágrimas!

MOMENTO DE VIDA

Quem você deseja reencontrar no lar celestial? De que maneira o texto de Apocalipse 21:4 o ajuda a olhar para o futuro?

MOMENTO COM DEUS

Vejamos por outra perspectiva a nossa chegada ao céu. O que Jesus fará ao vê-lo? Quão incrível será isso?

> *A possibilidade de um reencontro na eternidade é verdadeiramente maravilhosa.*

81
Sem fugir mais
Jonas 2:1-10

Em minha angústia, clamei ao Senhor, e ele me respondeu. Gritei da terra dos mortos, e tu me ouviste. Jonas 2:2

Em 18 de julho de 1983, um capitão da Força Aérea dos EUA desapareceu na cidade de Albuquerque, Novo México, sem deixar vestígios. As autoridades o encontraram na Califórnia 35 anos depois. Um jornal relatou que, "deprimido com o seu trabalho", ele simplesmente fugiu.

Ele fugiu por 35 anos! Passou a metade da vida ansioso pelo que os outros poderiam lhe fazer! Tendo a imaginar que a ansiedade e a paranoia eram sua companhia mais do que constante.

Mas tenho que admitir, também sei um pouco sobre "fugas". Não, eu nunca fugi fisicamente de algo na minha vida. Entretanto, às vezes sei que há algo que Deus quer que eu faça, algo que preciso enfrentar ou confessar. Não querendo obedecer, ao meu modo, fujo também.

O profeta Jonas foi infame por literalmente fugir da ordem de Deus para que pregasse à cidade de Nínive (Jonas 1:1-3). Mas, claro, ele não pôde deixar Deus para trás. Você provavelmente já ouviu o que aconteceu (vv.4,17): uma tempestade. Um peixe. Um estômago. E, no ventre do animal aquático, o reconhecimento, durante o qual Jonas confrontou-se com o que havia feito e clamou pela ajuda de Deus (2:2).

Jonas não era um profeta perfeito. Mas a sua notável história traz conforto, pois, apesar da teimosia de Jonas, Deus nunca o abandonou. O Senhor ainda respondeu à desesperada oração dele, restaurando o seu relutante servo (v.2) — exatamente como Ele faz conosco.

MOMENTO DE VIDA

Todos nós já tivemos aqueles momentos de "querer fugir". Você consegue lembrar-se de algum momento em que sentiu que a melhor coisa seria fugir da situação?

MOMENTO COM DEUS

Na hora de "lutar ou fugir", o que Deus o oferece para ajudá-lo a permanecer firme e encontrar uma solução para a dificuldade em que se encontra?

> *Apesar da teimosia de Jonas, Deus nunca o abandonou.*

82
Enfrente as batalhas
Salmo 11

No Senhor eu me refugio.
Salmo 11:1

O feito heroico do soldado Desmond Doss, do Exército dos EUA, é relatado no filme *Até o último homem* (2016). Embora as convicções de Doss não lhe permitissem que ele tirasse a vida de um ser humano, como médico do exército, ele se comprometeu a preservar a vida, mesmo que para isso tivesse que morrer. As palavras escritas na medalha de honra entregue numa cerimônia realizada em 12 de outubro de 1945 incluíam as seguintes palavras: "O soldado Doss recusou-se a procurar cobertura e permaneceu na área de conflito entre os muitos feridos, levando-os um a um até a borda da escarpa. Enfrentou sem hesitação o bombardeio inimigo e o fogo de armas menores para ajudar um oficial de artilharia".

No Salmo 11, a convicção de Davi de que seu refúgio estava em Deus o compeliu a resistir às sugestões de fugir em vez de enfrentar seus inimigos (vv.2-3). Poucas palavras compõem sua declaração de fé: "No Senhor eu me refugio" (v.1). Essa bem fundamentada convicção guiaria a sua conduta.

As palavras de Davi amplificaram a grandeza de Deus. Sim, a vida às vezes pode ser como um campo de batalha, pois somos bombardeados com problemas de saúde, tensões financeiras, relacionais e espirituais. Então o que deveríamos fazer? Reconhecer que Deus é o rei do Universo (v.4), confiar na Sua incrível capacidade de julgar com precisão (vv.5-6) e descansar no que é certo e justo (v.7). Podemos buscar a Deus sem demora para encontrar refúgio!

MOMENTO DE VIDA

Se você ou algum membro de sua família serviu nas Forças Armadas, qual experiência mais assustou você ou este familiar?

MOMENTO COM DEUS

Em qual dos momentos assustadores da vida você busca mais prontamente o abrigo de Deus? Como Ele o ajuda?

> *Poucas palavras compõem sua declaração de fé: "No Senhor eu me refugio".*

83
Amor humilde
Filipenses 2:1-11

O mais importante entre vocês deve ser servo dos outros... Mateus 23:11

Quando Benjamin Franklin era jovem, fez uma lista das 12 virtudes que ele desejava desenvolver ao longo da vida. Franklin a mostrou a um amigo que sugeriu que adicionasse "humildade". Ele gostou dessa ideia. Na sequência, ele acrescentou algumas orientações para ajudá-lo com cada item de sua lista. Entre seus ideais sobre humildade, Franklin destacou Jesus como um exemplo a ser seguido.

Jesus nos revela o maior exemplo de humildade. A Palavra de Deus nos diz: "Tenham a mesma atitude demonstrada por Cristo Jesus. Embora sendo Deus, não considerou que ser igual a Deus fosse algo a que devesse se apegar. Em vez disso, esvaziou a si mesmo; assumiu a posição de escravo e nasceu como ser humano" (Filipenses 2:5-7).

Jesus demonstrou a maior humildade de todas. Embora eternamente com o Pai, Ele escolheu submeter-se à cruz em amor, para que por meio da Sua morte, qualquer um que o receba possa sentir a alegria de Sua presença.

Imitamos a humildade de Jesus quando buscamos servir ao nosso Pai celestial, servindo aos outros. A bondade de Jesus nos ajuda a ver a impressionante beleza de nos colocarmos de lado para atender às necessidades dos outros. Não é fácil ter a humildade como objetivo em nosso mundo individualista. Mas, ao descansarmos seguros no amor de nosso Salvador, Ele nos dará tudo de que precisamos para segui-lo.

MOMENTO DE VIDA

Você conhece alguém que seja um bom exemplo de humildade, uma pessoa realizada que leva pouco crédito pelo que foi capaz de fazer?

MOMENTO COM DEUS

Há áreas da vida em que você precisa aumentar a humildade e dar um tempo ao orgulho, percebendo que, tudo o que você é e tudo o que você pode fazer, de qualquer maneira, vem de Deus?

> *Imitamos a humildade de Jesus quando buscamos servir ao nosso Pai celestial, servindo aos outros.*

84
Campanha de reconciliação
Lucas 19:1-10

Porque o Filho do Homem veio buscar e salvar os perdidos. Lucas 19:10

No livro *The First Heroes* (Os primeiros heróis), o autor Craig Nelson descreve sobre os combatentes que lançaram o primeiro grande contra-ataque na linha de frente do Pacífico, durante a Segunda Guerra Mundial. Nem todos os atacantes retornaram dessa missão. Jacob DeShazer estava entre os que foram capturados e detidos num campo de prisioneiros, sob circunstâncias difíceis e dolorosas.

Após a guerra, DeShazer retornou ao Japão, mas não para se vingar. Ele havia confiado em Jesus como seu Salvador e voltou para o solo japonês levando a mensagem de Cristo. Um ex-combatente, que esteve anteriormente numa campanha de guerra, estava agora numa campanha de reconciliação.

A missão de DeShazer no Japão deixa transparecer a essência do Salvador, que também veio numa missão de amor e reconciliação. Lucas nos relembra de que quando Cristo veio ao mundo não somente para ser um exemplo de moralidade ou um mestre convincente, Ele veio "buscar e salvar os perdidos" (19:10). Seu amor por nós expressou-se na cruz e quando nos resgatou ao ressurgir triunfantemente do túmulo, em vida ressurreta.

Encontramos perdão em Cristo e este perdão transforma a nossa vida e a nossa eternidade — tudo porque Jesus veio para uma missão de reconciliação.

MOMENTO DE VIDA

O que mais o toca em sua reconciliação com Deus? Qual dádiva de perdão lhe traz maior gratidão a Deus?

MOMENTO COM DEUS

A grandeza do ato de Jesus foi ter-nos conduzido ao relacionamento com Deus, algo que jamais conquistaríamos por nós mesmos.

> *Cristo veio ao mundo não somente para ser um exemplo de moralidade ou um mestre convincente, Ele veio para "buscar e salvar os perdidos".*

85

O lançador de discos
1 Pedro 5:6-10

*Deus, em toda a sua graça [...] depois que tiverem sofrido
por um pouco de tempo, ele os restaurará,
os sustentará e os fortalecerá, e os colocará
sobre um firme alicerce.* 1 Pedro 5:10

Um atleta escocês, no século 19, fez um disco de arremessar de ferro, baseado em uma descrição feita num livro. O que ele não sabia era que o disco de arremesso das competições oficiais era feito de madeira, e que somente sua borda externa era de ferro. O disco que ele fez era de metal sólido e pesava três ou quatro vezes mais do que os usados por outros arremessadores.

Conforme escreve o autor John Eldredge, o homem conseguiu marcar o recorde em distância num campo perto da sua casa, treinando dia e noite para manter este resultado. Ele treinou por anos, até que conseguiu quebrar o recorde mundial. Então tomou o seu disco de ferro e levou-o para a Inglaterra, para a sua primeira competição.

Quando chegou aos jogos, foi-lhe entregue o disco oficial. Ele conseguiu um novo recorde com facilidade, uma distância muito maior daquela de seus concorrentes. Ele permaneceu o campeão invencível por muitos anos. Este homem treinou sob um fardo pesado e tornou-se o melhor.

Quando um fardo pesado é colocado sobre nós, precisamos aprender a carregá-lo com as forças de Jesus e por amor a Ele. Qualquer que seja o fardo ou o sofrimento, Deus pode usá-lo para nos restaurar, sustentar, fortalecer e nos colocar "sobre um firme alicerce" (1 Pedro 5:10).

Nossos fardos podem nos transformar em seres melhores do que jamais imaginamos ser: mais fortes, mais pacientes, mais corajosos, mais bondosos e mais amorosos do que poderíamos ser.

MOMENTO DE VIDA

O disco arremessado por homens pesa cerca de 2,3 kg. O recorde mundial é um lançamento de pouco mais de 74,2 metros. Qual distância você alcançaria?

MOMENTO COM DEUS

Que fardo pesado você está carregando agora? Qual lição Deus quer lhe ensinar?

> *Nossos fardos podem nos transformar em seres melhores do que jamais imaginamos.*

86

Descongelado

Gálatas 2:11-16

Mas quando Pedro veio a Antioquia, tive de opor-me a ele abertamente... Gálatas 2:11

Durante um debate sobre reconciliação, um participante disse sabiamente: "Não congele as pessoas no tempo". Ele observou a nossa tendência de lembrar os erros das pessoas, e nunca lhes dar a chance de mudar.

Na vida de Pedro há muitos momentos em que Deus poderia tê-lo "congelado" no tempo, mas não o fez. Esse discípulo impulsivo "corrigiu" Jesus, recebendo dura repreensão do Senhor (Mateus 16:21-23). Ele reconhecidamente negou Cristo (João 18:15-27), apenas para mais tarde ser restaurado (21:15-19). E certa vez ele contribui para que houvesse divisões raciais dentro da igreja.

Essa questão surgiu quando Pedro (Cefas) separou-se dos gentios (Gálatas 2:11-12). Pouco tempo antes disso acontecer, Pedro tinha-se associado livremente com eles. Mas quando chegaram alguns judeus insistindo na necessidade de circuncisão, Pedro passou a evitar os gentios não circuncidados. Esse fato sinalizou um perigoso retorno à Lei de Moisés. Paulo chamou esse comportamento de Pedro de "hipocrisia" (v.13).

A questão foi resolvida por causa da confrontação corajosa de Paulo. Pedro voltou a servir a Deus no maravilhoso espírito de unidade que Ele planeja para nós.

Ninguém precisa permanecer congelado em seus piores momentos. Na graça de Deus podemos nos envolver e aprender uns com os outros, confrontarmos uns aos outros quando é necessário e crescermos juntos em Seu amor.

MOMENTO DE VIDA

Você conhece alguém que ainda está "congelado no tempo" por causa do seu pior momento? Como você e os outros podem agir para permitir que tal pessoa siga em frente?

MOMENTO COM DEUS

Como a graça e a misericórdia de Deus o auxiliaram a seguir após um incidente ruim na vida e a superar esse momento?

> *Ninguém precisa permanecer congelado em seus piores momentos.*

87

Ocupado demais?
Mateus 11:25-30

*Venham a mim todos vocês que estão cansados
e sobrecarregados, e eu lhes darei descanso.*
Mateus 11:28

Pessoas que buscam ser simpáticas perguntam, às vezes: "Você está muito ocupado?". A pergunta parece inocente, porém, transmite uma mensagem sutil. Nas entrelinhas, é um teste de valor pessoal. Se não podemos dar conta de uma lista de tarefas, sentimo-nos como se estivéssemos admitindo que não temos muito valor.

Mas Deus determina o nosso valor pelo quanto estamos ocupados? Ele calcula o nosso valor por meio do quanto realizamos? Ele nos recompensa por vivermos à beira do esgotamento e por não cuidarmos de nós mesmos?

Um dos primeiros versículos que eu aprendi quando criança foi Mateus 11:28: "Venham a mim todos vocês que estão cansados e sobrecarregados, e eu lhes darei descanso". Na época, não significou muito para mim porque eu nada entendia sobre o cansaço. Contudo, agora que tenho mais idade, sinto-me propenso a acompanhar o ritmo do mundo para não ser deixado para trás.

Entretanto, os cristãos não precisam viver assim. Deus não somente nos libertou da escravidão do pecado, mas também da dependência de termos que provar o nosso valor.

Fazer muito para Deus pode permitir que nos sintamos importantes, porém o que nos torna importantes para o Senhor é o que permitimos que Ele realize em nós, moldando-nos à imagem de Seu Filho (Romanos 8:28-30).

MOMENTO DE VIDA

Como você se sente quando não está muito ocupado? Por que as pessoas se sentem honradas quando na verdade estão excessivamente ocupadas?

MOMENTO COM DEUS

Memorize Mateus 11:28 e, da próxima vez que se sentir sobrecarregado, revele a Deus o seu desejo pelo descanso que Ele concede.

> *Deu não somente nos libertou da escravidão do pecado, mas também da dependência de termos que provar nosso valor.*

88

Fuga ou paz?

João 16:25-33

*...falei tudo isso para que tenham paz em mim.
Aqui no mundo vocês terão aflições,
mas animem-se...* João 16:33

"*Escape*": a propaganda anuncia os benefícios da hidromassagem. Isso me chama a atenção e me faz pensar. Minha esposa e eu conversamos sobre a compra de uma banheira de hidro externa algum dia. Seria como ter férias em nosso quintal! Exceto pela limpeza e conta de luz. E, daí, de repente, o esperado "ESCAPE" começa a soar como algo do qual eu precisasse *escapar*.

Ainda assim, a palavra *escape* nos seduz porque promete o que queremos: alívio, conforto, segurança ou *fuga*. É algo que a nossa cultura nos incita e provoca de muitas maneiras. Não há nada de errado em descansar ou fugir para um lugar bonito, no entanto, há diferença entre *escapar* das dificuldades da vida e *confiar em Deus* em meio a elas.

Em João 16, Jesus diz aos Seus discípulos que os próximos capítulos da vida deles provarão sua fé. "Aqui no mundo vocês terão aflições", no entanto, depois Ele acrescenta também essa promessa: "Mas animem-se, pois eu venci o mundo" (v.33). Jesus não queria que os Seus discípulos se desesperassem. Ao contrário, Ele os convidou a confiar nele, e a conhecerem o descanso que Ele oferece: "Eu lhes falei tudo isso para que tenham paz em mim" (v.33).

Jesus não nos promete uma vida livre da dor. Mas, *promete-nos* que, à medida que confiamos e descansamos nele, podemos experimentar paz mais profunda e satisfatória do que qualquer *escape* que o mundo tenta nos vender.

MOMENTO DE VIDA

Você tem visto convites de escape no mundo e ao seu redor ultimamente? O que os torna atraentes?

MOMENTO COM DEUS

Como reconhecer a diferença entre uma necessidade válida de descanso e a tentação de fugir dos problemas? Peça a Deus para ajudá-lo a encontrar a paz e o conforto de que precisa e que honrem o Senhor.

> *Há diferença entre escapar das dificuldades da vida e confiar em Deus em meio a elas.*

89
Atenção total
1 Tessalonicenses 5:12-28

Estejam sempre alegres. Nunca deixem de orar.
Sejam gratos em todas as circunstâncias...
1 Tessalonicenses 5:16-18

Hoje a tecnologia parece exigir nossa constante atenção. O *milagre* moderno da internet nos oferece a incrível capacidade de acessar o conhecimento coletivo da humanidade na palma da nossa mão. Mas para muitos, esse acesso incessante pode ter um custo.

A escritora Linda Stone criou a expressão "atenção parcial contínua" para descrever o impulso moderno de sempre querer saber o que está acontecendo "lá fora", para ter a certeza de que não estamos perdendo nada. Se isso soa como algo que gera ansiedade crônica, você está certo!

Embora o apóstolo Paulo tenha lutado contra muitos motivos que causavam ansiedade, ele sabia que a nossa alma está antenada para encontrar a paz em Deus. Por isso que, em uma carta para os novos cristãos que tinham sofrido perseguição (1 Tessalonicenses 2:14), Paulo conclui exortando os cristãos: "Estejam sempre alegres. Nunca deixem de orar. Sejam gratos em todas as circunstâncias..." (5:16-18).

Nunca parar de orar pode parecer bastante assustador. Mas então, por que nunca paramos de verificar nossos telefones? E se, em vez disso, deixarmos que esse desejo seja um alerta para falarmos com Deus? Ou talvez para o agradecermos, apresentar-lhe um pedido de oração ou louvá-lo.

Ainda mais importante, o que aconteceria se aprendêssemos a trocar a necessidade de estar sempre "por dentro" por um descanso contínuo e em oração na presença de Deus? Pela confiança no Espírito Santo, podemos aprender a dar ao nosso Pai celestial nossa atenção total e contínua em nosso dia a dia.

MOMENTO DE VIDA

Se a internet acabasse, como isso transformaria a sua vida?

MOMENTO COM DEUS

Parece quase impossível orar continuamente, portanto, quais pequenos passos você poderia dar para orar com maior frequência?

> *O que aconteceria se aprendêssemos a trocar a necessidade de estar sempre "por dentro" por um descanso contínuo e em oração na presença de Deus?*

90
Ouvidos para ouvir
Jeremias 5:18-23

Ouça, povo tolo e insensato, que tem olhos, mas não vê, que tem ouvidos, mas não ouve. Jeremias 5:21

Ofereceram à atriz Diane Kruger um papel que a tornaria um nome conhecido. Mas ela deveria interpretar uma jovem esposa e mãe enfrentando a perda do marido e do filho. Ela nunca tinha sofrido uma perda tão grande na vida real e não sabia se conseguiria ser fiel às emoções da personagem. Diane aceitou o papel e começou a frequentar reuniões de apoio para pessoas que vivenciavam a extrema dor do luto.

No início, ela oferecia sugestões e ideias ao ouvir as histórias das pessoas do grupo. Como a maioria de nós, ela queria ajudar. Mas aos poucos ela parou de falar e simplesmente passou a ouvir. Somente assim começou a aprender a se colocar verdadeiramente no lugar delas. A atriz adquiriu essa percepção utilizando-se dos seus ouvidos.

A acusação de Jeremias contra o povo foi a de que eles se recusavam a usar os "ouvidos" para ouvir a voz do Senhor. O profeta não mediu as palavras ao chamar o povo de Israel de "tolo e insensato" (Jeremias 5:21). Deus age constantemente em nossa vida comunicando palavras de amor, instrução, encorajamento e cautela. O desejo do Pai é que você e eu aprendamos e amadureçamos. E nós já recebemos os ouvidos como ferramentas para isso. A pergunta é: será que os usaremos para ouvir o desejo do coração do nosso Pai?

MOMENTO DE VIDA

Você acha difícil ouvir mais do que falar? Seus amigos o chamariam de tagarela ou ouvinte?

MOMENTO COM DEUS

Uma das perguntas mais difíceis que podemos responder como cristãos é esta: como podemos ouvir a voz de Deus? O que você pode fazer para ajudar a ouvir o Senhor?

> *Deus age constantemente em nossa vida comunicando palavras de amor, instrução, encorajamento e cautela.*

91
Movimento perfeito
1 Pedro 4:12-19

...não se surpreendam com as provações [...] alegrem-se muito, pois essas provações os tornam participantes dos sofrimentos de Cristo. 1 Pedro 4:12-13

Uma vez o dramaturgo George Bernard Shaw disse: "Inglaterra e América são dois países separados por uma língua em comum". Um exemplo do mundo dos esportes demonstra esse ponto de vista dele.

Como grande fã de beisebol, estou familiarizado com o termo *bola de efeito*. É uma bola lançada pelo arremessador de uma maneira que a bola muda de direção, enganando o rebatedor adversário. Em outro tipo de jogo, as estratégia são semelhantes, mas usam-se movimentos diferentes para se obter vantagens. Um atacante tenta superar o outro lançando a bola a uma altura acima dos seus ombros.

Embora jogos e culturas sejam diferentes, a ideia de jogar bola é familiar em qualquer idioma. A vida é cheia de momentos em que, sem suspeitarmos, fazemos um *movimento inadequado*, e nos sentimos sobrecarregados. Nesses momentos de medo e confusão, é reconfortante saber que temos um Deus que é suficiente diante de qualquer desafio.

As provações são esperadas (1 Pedro 4:12). No entanto, podemos ficar chocados com as circunstâncias que enfrentamos. Mas Deus nunca se surpreende! Ele permite que passemos por provações e pode capacitar-nos a reagir a elas de maneira que o honre.

Ao sofrermos, devemos continuar a "fazer o que é certo", escreveu Pedro (v.19). Na força de Deus, podemos enfrentar as maiores dificuldades da vida.

MOMENTO DE VIDA

Numa quadra de voleibol ou campo de futebol, qual a maior dificuldade para um movimento certeiro?

MOMENTO COM DEUS

Temos alguma vantagem quando passamos por provações? Como podemos enfrentá-las?

> *É reconfortante saber que temos um Deus que é suficiente diante de qualquer desafio.*

92
Máquinas voadoras
Salmo 6

> *Estou exausto de tanto gemer;*
> *à noite inundo a cama de tanto chorar, e*
> *de lágrimas a encharco.* Salmo 6:6

O artista James Taylor explodiu no cenário musical, nos anos 70, com a canção "Fogo e chuva". Nesta canção, ele descrevia as decepções da vida como "doces sonhos e máquinas voadoras em pedaços caídos ao chão." Era uma referência à banda original de Taylor, *Flying Machine* (Máquina voadora), que tentou entrar na indústria musical, mas falhou tremendamente, e, por esse fato, ele se questionava se os seus sonhos de seguir uma carreira musical algum dia se realizariam. Suas expectativas despedaçadas trouxeram um custo, deixando-o perdido e sem esperança.

O salmista Davi também experimentou grande desespero, ao lutar com seus próprios fracassos, com os ataques de outros e com as desilusões da vida. Ele disse: "Estou exausto de tanto gemer; à noite inundo a cama de tanto chorar, e de lágrimas a encharco" (Salmo 6:6). A profundidade de sua tristeza e das perdas o levaram ao desgosto, entretanto, em meio ao sofrimento, Davi voltou-se para o Deus provedor de todo o conforto. As suas próprias "máquinas voadoras" quebradas e despedaçadas deram lugar à certeza do cuidado de Deus, levando Davi a dizer: "O Senhor ouviu minha súplica; o Senhor responderá à minha oração" (v.9).

Em nossos momentos de desencorajamento também podemos encontrar conforto em Deus, pois é Ele que cuida do nosso coração quebrantado.

MOMENTO DE VIDA

Quais as "máquinas voadoras" que se despedaçaram no chão de sua vida?

MOMENTO COM DEUS

Você já experimentou o cuidado de Deus quando precisou de Seu consolo?

> *Em meio ao sofrimento, Davi voltou-se para o Deus de todo o conforto.*

93
Nunca nos contentamos
Eclesiastes 1:1-11

Não importa quanto vemos, nunca ficamos satisfeitos... Eclesiastes 1:8

Frank Borman comandou a Apollo 8, a primeira missão espacial ao redor da Lua, mas ele não se impressionou. A viagem teve a duração total de 6 dias. Ele sentiu náuseas e vomitou. Disse que ficar sem peso era legal por uns 30 segundos, mesmo assim acostumou-se. Estando perto da Lua, ele a achou monótona e cheia de crateras. Sua equipe tirou fotos do deserto cinza e entediou-se.

Borman foi para onde ninguém havia ido antes e isso não lhe foi o suficiente. Se Borman cansou-se rapidamente de uma experiência fora deste mundo, talvez devêssemos diminuir as nossas expectativas em relação ao que está em nosso mundo. O "mestre" em Eclesiastes observou que nenhuma experiência terrena oferece a alegria suprema. "Não importa quanto vemos, nunca ficamos satisfeitos; não importa quanto ouvimos, nunca nos contentamos" (1:8). Podemos sentir momentos de êxtase, mas nossa alegria logo desaparece e buscamos a próxima emoção.

O astronauta teve um momento emocionante ao ver a Terra surgir da escuridão atrás da Lua. Como uma esfera de mármore azul e branco, nosso mundo brilhava à luz do Sol. Semelhantemente, nossa verdadeira alegria vem do Filho que brilha sobre nós. Jesus é a nossa vida, a única fonte de supremo significado, amor e beleza. Nossa satisfação mais profunda vem de fora deste mundo. Qual o nosso problema? Podemos ir até à Lua, e jamais teremos ido longe o suficiente.

MOMENTO DE VIDA

Você já passeou em algum lugar onde os outros acharam tudo absolutamente incrível, mas você não se impressionou? Por que será?

MOMENTO COM DEUS

O que mais o encoraja em seu relacionamento com Deus? Conhecer Jesus como seu Salvador lhe traz contentamento?

> *O "mestre" em Eclesiastes observou que nenhuma experiência terrena oferece a alegria suprema.*

94

Zona da morte

2 Samuel 11:1-6,12-15

...Mas Davi ficou em Jerusalém.
2 Samuel 11:1

Em 2019, um alpinista viu o seu último nascer do sol no pico do Monte Everest. Ele sobreviveu à perigosa subida, mas a elevada altitude pressionou seu coração e ele faleceu na descida. Um médico alerta os escaladores para não pensarem no cume da montanha como se ela fosse o fim de sua jornada. Eles devem subir e descer rapidamente, lembrando-se de que "eles estão na zona da morte".

Davi sobreviveu à sua perigosa escalada até o topo. Ele matou leões e ursos, venceu Golias, esquivou-se da lança de Saul e do exército perseguidor e conquistou filisteus e amonitas para se tornar o rei da montanha.

Mas Davi esqueceu-se de que estava na zona da morte. No auge de seu sucesso, à medida que "O Senhor concedia vitórias a Davi por onde quer que ele fosse" (2 Samuel 8:6), ele cometeu adultério e assassinato. Seu erro inicial? Ele permaneceu no topo da montanha. Quando seu exército partiu para novos desafios, ele "ficou em Jerusalém" (11:1). Davi, que uma vez se voluntariou para lutar com Golias, agora repousava em seus triunfos.

É difícil ser humilde quando os outros, incluindo Deus, o consideram especial (7:11-16), mas devemos. Se obtivemos algum sucesso, podemos comemorar a conquista e aceitar os cumprimentos, mas devemos seguir em frente. Estamos na zona da morte. Desça a montanha. Sirva humildemente aos outros no vale. Peça ao Senhor que guarde o seu coração e os seus passos.

MOMENTO DE VIDA

Qual foi a maior realização da sua vida? Como isso mudou quem você é?

MOMENTO COM DEUS

O apóstolo Paulo disse que devemos esquecer o passado e olhar "para o que está adiante" (Filipenses 3:13), e isso inclui até mesmo as coisas boas. O que o faz continuar a trabalhar para Deus quando o seu desejo é descansar e usufruir de sua conquista?

> *É difícil ser humilde quando os outros, incluindo Deus, o consideram especial.*

95
Resistência à pressão
2 Coríntios 12:7-10

*"Minha graça é tudo de que você precisa.
Meu poder opera melhor na fraqueza."*
2 Coríntios 12:9

Quando um novo acesso para uma rodovia estava para ser finalizado, descobriram algo que era um perigo muito grande. Os viadutos haviam sido planejados para suportar seu próprio peso, mas não o trânsito que passaria no local. Antes de abrir a autovia, diversos viadutos tiveram de ser novamente projetados e reconstruídos.

Os engenheiros têm de estar preocupados especialmente com a resistência dos materiais nos projetos de construção por causa das estruturas que são exigidas para suportar grande estresse do material devido ao peso. A resistência mecânica de tração é o estiramento máximo que um material pode suportar antes de romper. Se o engenheiro não faz os cálculos corretos, a estrutura pode desmoronar sob pressão.

Quando estamos sob o peso do estresse e das dificuldades, podemos nos questionar se o Senhor, que nos projetou, não calculou bem a nossa "resistência à pressão". Estamos certos de que iremos sofrer um colapso com o peso das provações, mas o nosso Projetista sabe exatamente o que, por Sua graça, podemos suportar. Ele conhece nossos limites e nunca permitirá mais do que somos capazes de aguentar. Como disse o professor de ensino bíblico, Ron Hutchcraft: "Deus pode enviar uma carga, mas Ele nunca envia uma sobrecarga!"

Reforçados pela provisão divina, nossa "resistência à pressão" não falhará.

MOMENTO DE VIDA

Neste momento, qual situação testa os seus limites?

MOMENTO COM DEUS

Nosso Pai celestial concede graça suficiente e a força necessária perfeita de acordo com 2 Coríntios 12:9. O que esse versículo significa a você enquanto enfrenta as suas lutas?

> *Nosso Projetista sabe exatamente o que, por Sua graça, podemos suportar.*

96
Enfrentando a escuridão
Isaías 9:2-6

*O povo que anda na escuridão
verá grande luz...* Isaías 9:2

Nos anos de 1960, duas pessoas participaram de uma pesquisa sobre os efeitos da escuridão na psique humana. Eles entraram em cavernas separadas, enquanto os pesquisadores monitoravam seus hábitos alimentares e de sono. Um participante permaneceu em total escuridão por 88 dias, o outro por 126. Cada um supôs o quanto de tempo eles poderiam permanecer na escuridão e erraram por meses. Um deles pensou que tinha tirado uma breve soneca, descobrindo depois que havia dormido por 30 horas. A escuridão é desorientadora.

O povo de Deus se viu sob a escuridão do exílio iminente, esperando sem saber o que lhes aconteceria. O profeta Isaías usou as trevas como metáfora para sua desorientação e como forma de falar sobre o julgamento de Deus (Isaías 8:22). Os egípcios já tinham sido atingidos pelas trevas por meio de uma praga (Êxodo 10:21-29). Agora Israel se encontrava em trevas.

Mas uma luz viria! "O povo que anda na escuridão verá grande luz. Para os que vivem na terra de trevas profundas, uma luz brilhará" (Isaías 9:2). A opressão seria quebrada, a desorientação acabaria. Uma criança viria para transformar tudo e trazer um novo dia, de perdão e liberdade (v.6).

Jesus realmente veio! E embora a escuridão do mundo possa ser desnorteadora, que possamos experimentar o conforto do perdão, da liberdade e da luz que encontramos em Cristo.

MOMENTO DE VIDA

Você se submeteria a fazer parte de um estudo do sono em uma caverna absolutamente escura?

MOMENTO COM DEUS

De que maneira o Salvador o resgata da escuridão que cerca a todos em nosso mundo?

> *Uma criança viria para transformar tudo.*

97

Verdadeiros adoradores
João 4:19-26

*...os verdadeiros adoradores adorarão o Pai
em espírito e em verdade...* João 4:23

Enfim ela teve a chance de visitar a igreja. No interior do porão, ela encontrou a pequena gruta. As velas enchiam o pequeno espaço e as lâmpadas iluminavam um canto do chão. Lá estava ela, uma estrela de prata de 14 pontas cobria a parte elevada do piso de mármore. Ela estava na Gruta da Natividade em Belém, lugar onde, de acordo com a tradição, Cristo nasceu. No entanto, a escritora Annie Dillard não ficou tão impressionada, reconhecendo que Deus era muito maior do que aquele lugar.

Ainda assim, tais lugares sempre tiveram grande significado nas histórias de nossa fé. Outro lugar de admiração é mencionado na conversa entre Jesus e a mulher no poço, a montanha onde os seus "antepassados adoraram" (João 4:20), referindo-se ao monte Gerizim (Deuteronômio 11:29). Ele era sagrado para os samaritanos, mas os judeus os contrariavam insistindo que Jerusalém era o lugar da verdadeira adoração. Contudo, Jesus declarou que havia chegado o tempo em que a adoração não era mais restrita a um lugar, mas a uma Pessoa: "os verdadeiros adoradores adorarão o Pai em espírito e em verdade" (João 4:23). A mulher declarou sua fé no Messias, sem perceber que estava falando com Ele. "Então Jesus lhe disse: '...Sou eu, o que fala com você!'" (v.26).

Deus não se limita a nenhuma montanha ou espaço físico. Ele está presente conosco em todos os lugares. A verdadeira peregrinação que fazemos, a cada dia, é nos aproximarmos de Seu trono para dizer ousadamente: "Pai nosso"; e Ele se faz presente.

MOMENTO DE VIDA

Se você tivesse a chance de ir a Israel, qual lugar você "não deixaria de visitar"?

MOMENTO COM DEUS

Com que frequência você faz uma "peregrinação" com Jesus, lendo as Escrituras, orando e investindo seu tempo com Ele? Todos os dias, algumas semanas ou mensalmente?

> *Deus não se limita a nenhuma montanha ou espaço físico.*

98

Minha ajuda!

Salmo 121

Meu socorro vem do Senhor, *que fez os céus e a terra!* Salmo 121:2

Durante décadas, um renomado coral abençoou multidões com suas canções, como a do Salmo 121, intitulada: "Meu socorro".

O Salmo 121 começa com a confissão pessoal de fé no Senhor que trouxe todas as coisas à existência e foi a fonte de ajuda do salmista (vv.1-2). O que isso significa? Estabilidade (v.3), cuidado contínuo (vv.3-4), presença e proteção constante (vv.5-6) e preservar-se de todos os tipos de mal por agora e pela eternidade (vv.7-8).

A partir de suas interpretações das Escrituras, o povo de Deus há séculos identifica o Senhor como a sua fonte de "ajuda" por meio de suas canções. Minha experiência de adoração inclui levantar minha voz com outros que cantaram uma música de rendição escrita por Charles Wesley: "Pai, levantarei as minhas mãos para ti, não conheço outra ajuda. Se te afastares de mim, para onde irei?". Lutero acertou ao escrever as palavras: "Castelo forte é nosso Deus, espada e bom escudo. Com Seu poder defende os Seus, em todo o transe agudo" (CC 323).

Às vezes, você se sente só, desamparado, abandonado, confuso? Medite sobre o Salmo 121. Permita que as palavras dele preencham a sua alma com fé e coragem. Você não está sozinho, portanto, não tente viver por suas próprias forças. Ao contrário, alegre-se com o cuidado verdadeiro e eterno de Deus que já foi demonstrado na vida, morte, ressurreição e ascensão do Senhor Jesus Cristo. E, independentemente de quais sejam os próximos passos, caminhe com a ajuda do Senhor.

MOMENTO DE VIDA

Qual hino tem significado especial a você?

MOMENTO COM DEUS

Reflita sobre o Salmo 121:2. Aquele que criou o Universo cuida de cada indivíduo. Isso impacta o seu modo de pensar?

> *Você não está sozinho, portanto, não tente viver por suas próprias forças.*

99
O verdadeiro servo
Filipenses 2:6-11

Quando veio em forma humana, humilhou-se e foi obediente até a morte. Filipenses 2:7-8

Em 27 a.C., o governante romano Otaviano foi ao Senado para renunciar a seus poderes. Ele tinha vencido uma guerra civil, tornando-se o único governante daquela região do mundo e estava liderando como um imperador. No entanto, ele sabia que esse poder era visto com desconfiança. Por isso, Otaviano renunciou a seus poderes perante o Senado, comprometendo-se a ser apenas um funcionário nomeado. A resposta deles? O Senado romano honrou esse governante coroando-o civicamente e nomeando-o servo do povo romano. Ele também recebeu o nome de Augusto, o "Grande".

Paulo escreveu sobre Jesus se esvaziando de si mesmo e assumindo a forma de um servo. Augusto parecia fazer o mesmo. Ou será que o fez? Augusto agiu apenas como se estivesse entregando seu poder, mas o fazia para seu próprio ganho. Jesus "humilhou-se e foi obediente até a morte, e morte de cruz" (Filipenses 2:8). A morte na cruz romana era a pior forma de humilhação e vergonha.

Hoje, a principal razão pela qual as pessoas elogiam a "liderança servil" como virtude é por causa de Jesus. A humildade não era uma virtude grega ou romana. Porque Jesus morreu na cruz por nós, Ele é o verdadeiro Servo. Ele é o verdadeiro Salvador.

Cristo tornou-se servo para nos salvar. Ele "esvaziou a si mesmo" (v.7), para que pudéssemos receber algo verdadeiramente precioso, o presente da salvação e da vida eterna.

MOMENTO DE VIDA

Você já teve que se humilhar para servir a outra pessoa?

MOMENTO COM DEUS

Reflita por um momento sobre a humildade de Jesus. Como você pode expressar melhor em palavras a humildade do Deus do Universo em Seu relacionamento contigo?

> *Porque Jesus morreu na cruz por nós, Ele é o verdadeiro Servo. Ele é o verdadeiro Salvador.*

100
Siga Jesus ao ser chamado
Marcos 3:13-19

*E disse Jesus: Venham! Sigam-me [...].
No mesmo instante, deixaram suas redes
e o seguiram.* Marcos 1:17-18

Quando os EUA lançaram seu programa espacial em 1958, sete homens foram escolhidos para que se tornassem os primeiros astronautas. Imagine a emoção de Scott Carpenter, Gordon Cooper, John Glenn, Gus Grissom, Walter Schirra, Alan Shepard e Deke Slayton. Eles foram escolhidos para ir a um lugar onde ninguém tinha ido anteriormente.

No entanto, como astronautas, eles sabiam que enfrentariam perigos, desafios e provações inesperadas. Cada um deles compreendeu que a emoção de terem sido escolhidos estava mesclada com o temor pelo futuro incerto.

Imagine um outro grupo de homens que foram escolhidos para uma missão importante: os 12 apóstolos que, certo dia, Jesus escolheu num monte, perto do mar da Galileia. Esses homens deixaram atrás de si as suas ocupações e famílias, para dedicarem-se a este novo Mestre radical. Eles não sabiam que tipos de desafios políticos, religiosos ou financeiros enfrentariam. Todavia, eles seguiram Jesus.

Jesus pede o mesmo ao Seu povo hoje. Ele pede a cada um de nós para segui-lo, amá-lo, obedecê-lo, e também para falarmos aos outros a Seu respeito. Assim como os apóstolos, não sabemos o que nos trará o nosso compromisso com Jesus.

Senhor, ajuda-nos a seguir-te fielmente e a confiar o nosso futuro completamente em Tuas mãos.

MOMENTO DE VIDA

Qual o maior desafio que você precisou aceitar? Como reagiu?

MOMENTO COM DEUS

O que pode nos levar a recusar os desafios de Deus para nós? Você já ouviu o chamado de Deus para algo, mas relutou, amedrontado de o aceitar?

> *Os 12 discípulos não sabiam que tipos de desafios políticos, religiosos ou financeiros enfrentariam. Todavia, eles seguiram Jesus.*

AUTORES QUE CONTRIBUÍRAM:

James Banks
John Blase
Amy Boucher Pye
Dave Branon
Winn Collier
Bill Crowder
Mart DeHaan
Tim Gustafson
Kirsten Holmberg
Adam Holz
Arthur Jackson
Julie Ackerman Link
Glenn Packiam
Patricia Raybon
David Roper
Lisa M. Samra
Mike Wittmer

EDITOR-GERAL

DAVE BRANON aposentou-se, em 2021, após uma carreira de quatro décadas como escritor e editor em Ministérios Pão Diário. Dave escreveu para o devocional *Pão Diário* a partir de 1988, somando mais de 1.200 artigos. Ele e sua esposa, Sue, têm quatro filhos e oito netos, e residem em Grand Rapids, Michigan.

Se você gostou desta leitura, compartilhe com outros!

- Presenteie alguém com um exemplar deste livro.
- Mencione-o em suas redes sociais.
- Escreva uma avaliação sobre ele em nosso site ou no site da loja onde você o adquiriu.
- Recomende este livro para a sua igreja, clube do livro ou para seus amigos.

Ministérios Pão Diário valoriza as opiniões e perspectivas de nossos leitores. Seu *feedback* é muito importante para aprimorarmos a experiência de leitura que nossos produtos proporcionam a você.

Conecte-se conosco:

Instagram: paodiariooficial
YouTube: @paodiariobrasil
Facebook: paodiariooficial
Site: www.paodiario.org

Ministérios Pão Diário
Caixa Postal 9740
82620-981 Curitiba/PR

Tel.: (41) 3257-4028
WhatsApp: (41) 99812-0007
E-mail: vendas@paodiario.org

Escaneie o QR Code e conheça todos os outros materiais disponíveis em nosso site:

publicacoespaodiario.com.br